# LA JEUNE PROPRIÉTAIRE.

# LA JEUNE

# PROPRIÉTAIRE

## OU

## L'ART DE VIVRE A LA CAMPAGNE.

**Par Mᵐᵉ Alida de Savignac.**

Paris,  
Chez Martial Ardant frères,  
rue Hautefeuille, 14.

Limoges,  
chez Martial Ardant frères,  
rue des Taules.

1848.

# CHAPITRE PREMIER.



Ce fut une rude épreuve que le temps de
la grande révolution de 1793. L'ancienne
société, la société aristocratique et princière,
les courtisans de Versailles, les millionnai-
res de Paris, tous avaient été submergés par
le flot populaire! et de même qu'il advint,
sans doute, après le premier déluge raconté
par la Genèse, une génération d'enfans occupa un instant la place abandonnée par les
pères engloutis.

Ainsi en 1795 les plus beaux hôtels de Paris appartenaient à des maîtres et des maîtresses de pension, gens du monde pour la plupart, mais qui, ruinés par les malheurs des temps, étaient forcés de se créer une industrie. Ces nouveaux instituteurs comprenaient très-bien qu'à eux appartenait le soin de former dans leurs élèves les élémens d'une société nouvelle : pour leur honneur, cette société devait être élégante et polie. Les traditions de l'ancienne cour devenaient donc un dépôt non moins précieux que les chronologies des nations disparues et les rudimens des langues mortes. Les salons des pensionnats furent les premiers où l'on donna des fêtes élégantes. Les instituteurs des deux sexes réunissaient leurs élèves pour jouer des comédies, chanter dans des concerts, etc.

L'heureuse impulsion donnée à l'enseignement par des professeurs abandonnant la routine pour entrer dans une voie de progrès; l'amour des arts que l'on ne cultivait plus avec cette condition *de n'en pas faire son état*, c'est-à-dire d'étudier avec la conviction

qu'il y allait de son honneur à ne rien savoir ;
l'émulation entre les jeunes filles et les jeunes
garçons , tout concourait à développer l'intelligence. En ce temps , les mois de pensionnaires et d'écoliers ne désignaient pas une
demoiselle timide ou un adolescent gauche
et maussade , bien au contraire , c'était chez
eux que se rencontraient l'assurance , l'usage
du monde , dont souvent ils avaient besoin
de donner des leçons à leurs parens.

Ce n'étaient pas seulement les parvenus
qui faisaient entrer leurs enfans dans ces
écoles mondaines élevées sur les ruines des
couvens ; les orphelins qu'avait fait la terreur
y étaient aussi placés ; les uns , faute d'asiles
plus convenables , les autres , par suite de
cette toute-puissance que la mode exerce en
France. C'était la première de ces raisons
qui avait décidé l'entrée d'Olympe de Saint-
Julien dans la pension fondée par mademoiselle Desrosiers. Avant l'âge de treize ans ,
la pauvre Olympe s'était trouvée presque orpheline : sa famille avait été moissonnée par
la faulx révolutionnaire , sa mère morte en

prison , son père émigré , du moins on le disait , parce qu'il avait disparu depuis trois ans , et n'avait jamais donné de ses nouvelles. Olympe qui , à l'époque où commence cette histoire, n'avait pas encore seize ans , avait pour tuteur et pour unique appui un cousin de sa mère , cadet d'une famille plus noble que riche. M. de Montenay était abbé , lorsque , suivant son expression ordinaire , *la révolution devint méchante*. Il troqua le petit collet contre la *houppelande* , espèce de redingote informe , sans taille arrêtée , faite de l'étoffe la plus commune , garnie , pour tout ornement , des lisières de l'étoffe même , et serrée à la taille avec une ceinture pareille. Ce vêtement , tout vulgaire que je vous le dépeins , avait pourtant encore une teinte d'aristocratie ; car il était adopté par les *peureux* qui répugnaient à s'affubler de l'odieuse carmagnole. L'élégant abbé de Montenay , couvrant sa tonsure d'une perruque quasi noire , devint le citoyen Jacques Dutais , nom originaire de sa famille. Afin de se mieux déguiser , il prit un cabinet d'affaires , en apparence pour se procurer de quoi vivre, mais en réalité dans l'intention de s'occuper des intérêts de ses malheureux parens et de sauver quelques débris de leur fortune.

L'abbé de Montenay changea de genre de vie aussi bien que de costume. Au lieu de lire les petits vers que les beaux esprits du temps faisaient éclore chaque matin, il étudiait les décrets de la convention, les comparant attentivement avec l'ancienne législation, pour bien connaître les dispositions favorables à la noblesse qui étaient changées et celles qui étaient encore en vigueur. Au lieu d'aller le matin de maison en maison, échangeant des propos au moins frivoles, il balayait de sa longue houppelande la poussière des greffes, celle des études des avoués et des notaires; épuisant les trésors de son éloquence afin de désarmer un créancier trop exigeant, ou de toucher un débiteur de mauvaise foi, prêt à se servir des lois républicaines pour dépouiller de pauvres orphelins ou des veuves démeurées sans protecteurs. Quand venait la nuit, l'abbé enfonçait son chapeau sur sa perruque noire, remontait sa cravate, pour dérober tout ce qu'il pouvait cacher de son visage, et glissant le long des murailles, il allait, au péril de sa vie, porter des secours et des consolations à quelques malheureux proscrits cachés dans de misérables taudis, où ils remerciaient Dieu, chaque soir, d'avoir encore échappé pendant tout un jour aux dénonciations, aux visites domiciliaires, et lui demandaient humblement la même faveur pour la nuit qui s'avançait. Dans ce nouveau genre de vie, le moral de l'abbé n'avait pas moins changé que son costume : il avait mieux connu le prix d'une religion qui console et soutient dans les dangers. Depuis qu'il est Jacques Dutais, il est vraiment digne des dignités ecclésiastiques auxquelles avait droit de prétendre l'élégant abbé de Montenay.

Ainsi que je l'ai déjà dit, l'abbé était cousin germain de madame de Saint-Julien. Lors de l'arrestation de cette dame, son mari ayant déjà disparu, l'abbé recueillit la pauvre Olympe. Elle serait demeurée près de lui jusqu'à

un temps plus heureux, si une enfant ne devenait pas sitôt une jeune fille. Dix-huit mois
ne s'étaient pas écoulés que l'abbé songeait
déjà, dans ses courses, qu'il était bien difficile de garder plus long-temps Olympe. D'a-
bord l'éducation de mademoiselle de Saint-
Julien était fort imparfaite, si même on pouvait la considérer comme étant commencée.
Ensuite toute la maison de l'abbé était for-
mée par un vieux serviteur, excellent homme,
dont le dévoûment et la probité étaient à toute
épreuve, mais qui était sourd et presque
aveugle, ce qui le rendait une bien triste
compagnie pour Olympe, et un bien mauvais
surveillant pendant les longues absences de
l'abbé. D'ailleurs ce bon serviteur eût-il eu
les cinq sens aussi parfaits que ceux d'un
Huron ou d'un Caraïbe, il était tellement
préoccupé des vexations sans nombre auxquelles était exposé le peuple souverain, que
jamais l'abbé n'aurait pu lui faire comprendre
comment une jeune fille qui, par son âge,
était exceptée de la liste des suspects, que
son sexe sauvait des réquisitions faites pour

l'armée, son dénûment, des emprunts forcés, pouvait courir quelques dangers en allant et venant dans le voisinage, ou recevant des visites, s'il s'en présentait qui ne vinssent pas au nom du comité de salut public. Il était donc impossible de laisser une fille de quatorze ans sous la garde de *l'ami François*, ainsi que l'appelait Olympe, par une gentille câlinerie pour le vieillard, qui, dans le fait, se nommait François Lami.

Pendant que l'abbé réfléchissait aux moyens de placer convenablement sa pupille, mademoiselle Desrosiers fondait sa pension. M. de Montenay, qui l'avait vue demoiselle de compagnie chez la vieille duchesse de Duras, avait été à même d'apprécier sa douceur, son excellent ton ; il avait entendu vanter sa sagesse et ses bons principes, il n'hésita pas à lui confier sa nièce. Les progrès d'Olympe furent rapides ; elle avait de l'aptitude au travail, de la mémoire, de l'intelligence ; les maîtres s'attachèrent à elle, et, en peu de temps, elle devint la meilleure élève de la pension de mademoiselle Desrosiers. A la première

distribution de prix, on couronna un dessin
d'elle. Les envieuses dirent tout bas que le
trait avait été calqué, que le maître avait
retouché l'ébauche et perfectionné le fini ;
mais la jalousie ne put contester à Olympe les
prix de déclamation et de danse : elle avait
déclamé l'imprécation de Camille, et dansé la
gavotte aux applaudissemens du plus brillant
auditoire.

Une éducation si frivole n'était pas ce que
l'abbé eût désiré pour sa nièce. Cependant
cela valait mieux que l'alternative où elle
était de laisser éteindre ses facultés intellec-
tuelles dans la solitude et le désœuvrement,
ou de voir l'ennui la porter à chercher des
distractions au dehors, dans un temps où
toute société était dangereuse : celle des gens
de sa caste parce qu'elle était suspecte, celle
des gens de l'époque à cause de son mélange.
Puis les antécédens de mademoiselle Desrosiers apportaient des compensations aux con-
cessions que son intérêt la forçait de faire à
l'esprit du jour. Mademoiselle Desrosiers était
pieuse au fond du cœur. Elle priait en cachette ;

il y aurait eu du danger à le faire publique-
ment. Chaque soir, quand la foule des élèves
était couchée, Olympe et trois autres jeunes
personnes, filles ou nièces d'anciennes connaissances de l'institutrice, se rendaient dans
son cabinet. Un vénérable prêtre qui, dans
la maison, remplissait ostensiblement l'emploi de régisseur, se réunissait à ce petit
troupeau, qu'il dirigeait avec un zèle, une
onction encore excités par le péril. Alors les
prêtres étaient proscrits; l'échafaud menaçait
la tête de ceux qui osaient exercer leur ministère sacré. Chaque jour de la semaine, la
prière était suivie d'une lecture ou d'une
pieuse exhortation. Le samedi, on veillait jusqu'à minuit. A la première heure du dimanche, le prêtre disait bien vite une messe basse
sur un autel improvisé, n'ayant pour tout
ornement qu'un crucifix, soigneusement ca-
ché pendant le jour sous un tableau de fleurs.
Le service divin terminé, on regagnait son
lit à pas de loup. Le lendemain, le vénérable
curé se courbait de nouveau sur ses registres,
tandis que ses ouailles chantaient, dansaient

avec le commun des élèves de la pension, et toutes ensemble apprenaient par cœur les rôles qu'elles devaient jouer dans les comédies.

On approchait du Ier vendémiaire, c'est-à-dire du 21 septembre, jour où commençait l'année républicaine, et aussi les vacances, saison chérie des écoliers sous tous les régimes. Tout le monde, dans la pension de mademoiselle Desrosiers, se préparait à la distribution des prix. Olympe, plus que personne, en était préoccupée. Elle devait jouer le rôle de la *Curieuse*, dans le drame de madame de Genlis, et danser le pas russe avec *le prix d'honneur* de l'institution Lemoine, collége où les jeunes gens dansaient aussi bien qu'à l'opéra. Malgré ses importantes occupations, Olympe remarquait avec chagrin que depuis plus de huit jours elle n'avait pas vu son bon oncle de Montenay, auquel elle donnait ce titre à cause de la différence de leurs âges, car, en réalité, ils n'étaient que cousins issus de germains.

Le jour de la représentation arrive. Olympe cherche des yeux son tuteur ; il n'est point dans la salle. Cependant il n'est point malade, *l'ami François* n'a rien dit, le matin, en apportant la provision de pain à la pupille de son maître; car, dans ce temps, où l'on dansait si bien, la plus affreuse disette désolait la France; on ne savait pas la veille si l'on dînerait le lendemain. Le petit drame moitié enfantin, moitié larmoyant de la *Curieuse* s'achève au milieu des applaudissemens qu'on ne refuse jamais aux comédiens amateurs; l'abbé n'est point là pour recueillir les louanges dont on accable sa pupille; on prolonge l'entr'acte, mais c'est inutilement, il ne vient pas.

Les planches, les tréteaux, les décors, tout est enlevé; le théâtre est devenu une salle de bal; le concours pour le prix de la danse va commencer. Nouveau triomphe pour Olympe; les couronnes pleuvent à ses pieds; son maître de danse ne se sent pas de joie calculant combien de leçons lui vaudra une si brillante écolière; M^lle Derosiers embrasse Olympe en pleurant.

— Vous serez heureuse, mon enfant, lui

dit-elle ; vous êtes intelligente, laborieuse, cela rend l'existence facile dans toutes les conditions.

En cet instant, *l'ami François*, se glissant dans la foule, s'approche de l'oreille de mademoiselle Desrosiers.

— Monsieur ne veut pas paraître au bal, lui dit-il ; mais il faut absolument qu'il parle à mademoiselle de Saint - Julien ; il attend dans le cabinet de madame.

On était alors toujours sur le *qui vive !* Mademoiselle Desrosiers éprouva une vive inquiétude de cette visite mystérieuse un jour de fête, à l'heure du bal. Olympe, au contraire, ne ressentit que de la joie à l'appel de son tuteur. Elle rassembla ses couronnes, et suivit *l'ami François* sans rien appréhender des motifs de cet entretien particulier, sans regret pour la première contredanse dans laquelle elle devait figurer. Sa condition de *lauréat* avait déjà mis du sérieux dans son esprit, mais pas autant qu'il lui en aurait fallu pour écouter sans émotion ce que son tuteur avait à lui dire.

# CHAPITRE II.





Olympe se rendit en courant au cabinet de
mademoiselle Desrosiers. L'éclat naturel de
son teint était encore animé par la danse ;
la joie de ses succès était si grande que l'on
pouvait dire qu'elle lui faisait oublier tout
autre sentiment. M. de Montenay, assis le
dos tourné à la porte d'entrée, ne vit ni
n entendit sa pupille dont les pieds de syl-
phide effleuraient à peine le parquet. Olympe
trouva plaisant de s'annoncer en posant ses

couronnes sur la tête de son tuteur ; M. de
Montenay, se retournant brusquement, accueillit cette espiéglerie d'un regard empreint
d'une surprise si douloureuse qu'on pouvait
dire de lui qu'il avait oublié les fêtes enfan-
tines aussi complètement qu'Olympe oubliait
en ce moment les soucis de la vie.

— Ah! vous voilà, mon enfant.

— Oui, mon oncle ; mais d'où vient que...

— Paix ! nous n'avons pas le temps de nous
occuper d'autre chose que de l'objet qui m'a-
mène. Êtes-vous seule ?

— Oui, mon oncle ; tout le monde est
occupé au salon.

— C'est bien. Cependant, pour plus de
sûreté, voyez s'il n'y a personne dans la
chambre de mademoiselle Desrosiers. Moi je
vais inspecter le corridor.

— Personne, mon oncle.

— Ni de ce côté non plus. Nous allons laisser les deux portes ouvertes ; nous serons
plus en sûreté en voyant ceux qui s'appro-
cheront de ce cabinet avant qu'ils soient à
portée de nous entendre.

— Mon Dieu ! qu'y a-t-il donc , mon oncle ? *le régime de la terreur* va-t-il recommencer ?

— Il n'a jamais cessé , ma chere Olympe , pour les malheureux qui ont cherché à se soustraire aux proscriptions. Venons à ce qui me préoccupe : j'ai des nouvelles de votre père ; il est en France.

A ces mots : *J'ai des nouvelles de votre père,* Olympe bondit de joie ; mais ce qui suivit la fit retomber désolée sur sa chaise. Revenir dans sa patrie c'était livrer sa tête aux bourreaux. Hélas ! le retour de son père fit oublier à Olympe les couronnes dont elle était si heureuse il n'y avait qu'un instant. Elle promena ses regards inquiets autour d'elle , fureta , en une seconde , toute la maison par la pensée , et s'écria :

— Mon père ! et pas une cachette ! Mais chez vous , mon oncle , le placard au coin de la cheminée où François enferme vos livres de piété et le grand christ d'ivoire ; du temps des visites domiciliaires jamais on ne s'est douté qu'il y eût là un renfoncement. Ne pourrait-on y cacher mon père ? je veux être seule maîtresse de ce secret, afin que, si on le découvre, je sois...

— Tous ces soins sont inutiles, mon enfant, Saint-Julien a eu le bon esprit de ne point venir à Paris. Votre père n'a point émigré ; il servait dans la Vendée sous les ordres de La Roche-Jacquelin. Dans le courant de la campagne, il ramassa, sur le champ de bataille, après une affaire où l'avantage était resté à l'armée royale, le sac d'*un bleu* ; les papiers contenus dans ce sac apprirent à Saint-Julien que cet homme avait à Montargis un oncle qui, depuis la mort de ses parens, s'était chargé de ses affaires. Lors de la soumission de la Vendée, votre père, muni de tous les papiers du jeune Morel, s'est présenté à Montargis chez le maréchal-ferrant. Il n'a point cherché à le tromper, et cet homme généreux a consenti à le faire passer pour son neveu. Ce jeune homme, né à Briare, n'était jamais venu à Montargis.

— Mon Dieu ! mon Dieu ! et je ne pourrai donc pas l'embrasser ?

— Si fait, chère Olympe, car il faut, sans

perdre de temps, faire sortir votre père de son asile. Le maréchal-ferrant est un parfait honnête homme ; l'action qu'il a faite en accueillant votre père et en le reconnaissant pour son neveu, est des plus belles ; mais, d'un jour à l'autre, la peur peut s'emparer de celui qui s'est conduit en héros la veille ; d'ailleurs des parens de Briare, des amis, de véritables soldats, peuvent découvrir la fraude ; enfin votre père est malade, sans argent, chez des artisans peu aisés, il faut donc le tirer sans tarder de cette situation ; il faut récompenser bien vite son bienfaiteur. Cela vous regarde ; c'est pourquoi je suis venu vous trouver sans perdre une minute.

— Que puis-je faire, mon oncle ?

— Tout, ma chère Olympe. Écoutez-moi bien, je vais vous mettre au fait de votre fortune et de votre position vis-à-vis de votre père, toutes choses que j'ai cru devoir vous laisser ignorer jusqu'à ce jour. Les Saint-Julien n'étaient pas très-riches, du moins depuis le règne de Louis XIV on ne les voit plus figurer que dans des actes de vente. Votre

bisaïeul, ayant perdu d'assez fortes sommes
en agiotant, lors du système de Law, vendit
toutes ses terres argent comptant au fils d'un
fermier-général, ne conservant que son château
de Saint-Julien et trois cents arpens de bruyè-
res, qu'il concéda par petites portions à des
paysans à charge de défrichement, moyennant
un *cens* ou rente, qui devait s'augmenter progressivement pendant soixante ans : si bien,
qu'aux premiers jours de la révolution, votre
père jouissait d'une jolie fortune. Mais grâce
aux nouvelles lois, les paysans ont été affran-
chis de toute redevance. Plus tard, le comte
de Saint-Julien ayant disparu, son château
est devenu propriété nationale : voilà pour
vos biens paternels, voyons le côté maternel ;
votre mère en se mariant apporta à son mari
deux cent mille francs en bel et bon argent ;
c'est une dot magnifique. Par la mort prématurée de ma pauvre cousine, cette fortune est
devenue la vôtre, je vais vous en rendre
compte.

— A quoi cela sert-il, mon oncle?

— Vous le comprendrez plus tard. De ces

deux cent mille francs, en entrant en ménage, le comte de Saint-Julien employa vingt-cinq mille francs en achat de diamans et d'argenterie, cent soixante-quinze mille francs qui furent placés ; soixante - quinze mille francs chez M. Varanchan, fermier-général, et cent mille chez un quidam nommé Robert. Écoutez-moi donc, Olympe, il y va du salut de votre père.

Ces mots réveillèrent l'attention d'Olympe, dont l'imagination commençait à courir les champs. Le bon abbé continua :

— En 1790, les diamans et la vaisselle furent vendus pour payer quelques dettes et fournir aux dépenses déjà fort restreintes du comte et de la comtesse de Saint-Julien. En 1792, le comte obtint de M. de Varanchan, moyennant un sacrifice, le remboursement de soixante-quinze mille francs placés chez lui. Votre père porta cet argent dans la Vendée, d'où il est revenu sans avoir de quoi acheter un pain de quatre livres. Enfin le 6 ventôse de l'an 3 de la république, présente année 1795, le citoyen Robert m'a fait signi-

lier qu'il avait déposé au greffe du tribunal
de première instance la somme de cent dix
mille francs pour capital et intérêts par lui
dus à la citoyenne Montenay, épouse de l'é-
migré Saint-Julien; capital et intérêts qui
représentaient alors cinq cents louis de bon
argent, et qui aujourd'hui vaudraient bien
cinq cents francs.

— Grand Dieu! ainsi, mon oncle, je n'ai
plus rien à offrir à mon père! n'importe, con-
duisez-moi vers lui, et je le soignerai, je
travaillerai, je mendierai s'il le faut, pour le
nourrir.

— Travailler, oui; mendier, non. Vous
n'êtes pas, chère enfant, aussi dénuée que
vous le pensez. Avez-vous oublié que je suis devenu *Jacques Dutais*, et que le citoyen Dutais
est un faiseur d'affaires aussi actif que l'abbé
de Montenay était un ecclésiastique indigne?

— Ah! mon oncle, mon bon oncle! m'a-
vez-vous conservé quelque bien?

— Oui, mon enfant; en même temps que
le citoyen Robert effectuait son remboursement, le château de Saint-Julien était mis en

vente. Je l'ai acheté et payé en la même mon-
naie que vous aviez reçue de votre débiteur.
Saint - Julien vous appartient donc, vous
pouvez offrir à votre père un asile dans la
maison de ses ancêtres.

— Je dois, mon oncle, rendre Saint-Julien
à mon père. Il ne sera pas dit que sa fille
consommera sa ruine.

— Je souhaite, pour votre bonheur à tous
deux que votre père n'accepte pas cette res-
titution, et qu'il prête plutôt l'oreille à mon
projet de vous faire émanciper pour vous donner le droit d'administrer cette propriété.

— Mais, mon oncle, à mon âge?

— Vous aurez bientôt seize ans, ma nièce;
les rois sont majeurs à treize.

— Les rois ont des minitres.

— Eh! qui vous empêchera de consulter,
en cas de besoin, votre garçon de charrue,
le berger, les filles de basse-cour? c'est là
le conseil privé qu'assemble une fermière.
Croyez, Olympe, qu'en bien des circonstances la pratique en remontre à la théorie.

— Mais cette théorie, où la prendrai-je?

— Dans les meilleurs ouvrages imprimés sur cette matière et dans nos fréquens entre-tiens.

— Quelle étude !

— Pas si rude que vous le pensez ; d'ailleurs vous l'avez dit vous-même, Olympe, le temps est venu de travailler pour père. La terre de Saint-Julien, telle qu'elle est à présent, n'offre pas à ses propriétaires un sol de revenu. Cependant ses cent trente-huit arpens de parc, les douze que couvrent les cours, les jardins, les bâtimens superflus, peuvent former une jolie métairie de cent cinquante arpens. Dans un temps de calme, et tout me dit que la tourmente révolution-naire touche à sa fin, dans un temps de calme, dis-je, un fermier calcule ainsi le produit de sa terre : un tiers pour les frais de culture et les charges publiques, un tiers pour ses maî-tres et un tiers pour payer ses peines à lui fermier ; plus, les produits de la basse-cour, qui, sous une femme intelligente, doivent répandre une grande aisance dans la maison. A Saint-Julien et dans les environs, les fermages se paient à raison de vingt-quatre francs l'arpent. Ce sont donc deux fois cent cinquante louis, ou sept mille deux cents francs, que vous pouvez percevoir tous les ans pour prix, il est vrai, d'un travail opiniâtre et de la bonne direction que vous saurez donner à vos travaux.

— Hélas ! comment oserai-je commander dans une maison où sera mon père ?

— Le sentiment qui plaide dans votre cœur contre votre émancipation est honorable, ma chère Olympe ; cependant il faut le combattre. Votre père est proscrit, il ne peut paraître dans aucune transaction sans risquer sa tête ; vous devez le soustraire aux regards de l'administration jusqu'à ce que je sois parvenu à le faire rayer de la fatale liste des émigrés. D'ailleurs, vous ne connaissez pas votre père : vous ignorez que ses goûts, ses habitudes, la faiblesse de sa santé, lui feraient, des soins que demande une exploitation agricole, une fatigue et un ennui sans cesse renaissans. C'est donc à vous, Olympe, à rendre à votre père la médiocrité de sa

fortune supportable, douce même, si cela se
peut; c'est à vous de cicatriser les plaies que
de si cruels malheurs ont faites à son âme.
Il revient au gîte comme la volatille de la
fable, *demi-morte*, *demi-boiteuse*. Loin de
rien attendre de lui, c'est vous qui devez le
soutenir, le consoler, l'enrichir. Prenez courage : l'esprit d'une femme ne faillit jamais
lorsqu'il faut accomplir ce que son cœur pro-
jette. Maintenant nous allons rentrer au salon
et faire bonne contenance, vous à la danse,
moi à la conversation.

— Que je danse, mon oncle ! et si, dans
ce moment même, mon père était dénoncé !

— Hélas ! mon enfant, notre vie est aussi
bien que la sienne dans les mains de la Providence. Qui peut savoir le nombre de jours
qu'il a encore à passer sur cette terre ? Cependant la Providence réprouve un aveugle
fatalisme, et nous devons faire tout ce que
la prudence commande pour préserver votre
père. Ainsi gardons-nous bien de laisser voir
ni trouble ni inquiétude à une société aussi
nombreuse que celle rassemblée ce soir dans

cette maison. Qui sait s'il ne s'y trouve pas des gens tout prêts à les interprét r !

De semblables craintes étaient si communes dans ces temps malheureux, qu'Olympe les comprit tout de suite. Elle chauffa son mouchoir avec son haleine, puis l'appliquant sur ses paupières et sur ses joues, elle effaça complètement la trace de ses larmes. Prenant alors le bras de son tuteur, elle rentra avec lui dans la salle du bal, calme en apparence, mais tout autre au fond du cœur que lorsqu'elle en était sortie.

# CHAPITRE III.



**Les amies de pension. La confession.
Le départ**.

On ne dort pas plus dans une pension la
nuit qui suit une distribution de prix , que
l'on n'a dormi celle qui l'a précédée, et même
pendant la nuit de la veille. Les pensionnaires insouciantes, paresseuses, incapables,
toute la plèbe enfin , qui est bien *tranquille*
et *sûre* de n'avoir pas mérité de récompense ,
repose comme de coutume , tandis que , après
la distribution , le spectacle des couronnes
reçues avec tant de solennité fouette le sang

le plus lourd. Toutes les pensionnaires donc parlaient, chacune selon son caractère, du prix d'honneur, de la comédie, des toilettes des dames venues du dehors, des applaudissemens des messieurs; toutes disaient, les unes tout bas, les autres tout haut : — Ah ! si, l'année prochaine, je pouvais avoir...

Chacune, après cette exclamation, nommait ce qui l'avait le plus frappée dans cette mémorable journée.

— Je voudrais bien, dit Clarisse, jolie personne de dix-sept ans, remporter à mon tour le prix de déclamation ; mais jamais je ne pourrai dépasser Olympe.

— Ne t'inquiète pas, ma bonne Clarisse, dit M^lle de Saint-Julien, qui veillait sans pourtant se mêler au causeries de ses compagnes, ne t'inquiète pas, tu es à présent la meilleure élève de la maison, car je la quitte demain.

Olympe prononça ces paroles avec des larmes dans la voix. A cette nouvelle toutes ces jeune filles, qui jasaient la tête sur le

traversin , se dressèrent. Un cri unanime
sortit de dessous les baldaquins en toile de
coton blanc.

— Tu te maries?

— Non pas vraiment. Mon tuteur m'a seulement annoncé hier que j'allais habiter mon
domaine de Saint-Julien.

En ce temps-là on n'osait pas dire château.
Un murmure d'indignation, entre-mêlé de
marques d'incrédulité, accueillit ce discours.
Olympe fut obligée d'affirmer qu'elle ne plai-
santait pas, qu'elle disait bien la vérité. M.
Dutais voulait qu'elle habitât sa terre, et la
fît valoir elle-même.

— En vérité, s'écria Clarisse, voilà une
destinée bien divertissante pour une fille si
parfaitement élevée ! C'est-à-dire que tu ne
danseras plus la gavotte ?

— Hélas ! non.

— Et tu courbes lâchement la tête sans
chercher à t'affranchir d'une semblable ty-
rannie !

— Je ne le dois pas, chère Clarisse.

— Permets - moi de te le dire, Olympe,

cette réponse n'a pas le sens commun. On doit toujours être libre.

— Crois-moi, Clarisse, je ne puis pas désobéir.

Alors il s'éleva un grand tumulte dans le dortoir ; une partie des pensionnaires se rangèrent du côté d'Olympe, les autres soutinrent l'avis de Clarisse. Enfin, la nonchalante Amélie, se soulevant sur son coude, dit d'une voix traînante :

— Pourquoi voulez-vous, mesdemoiselles, que cette pauvre Olympe prenne une peine inutile ? vous savez bien qu'on ne *divorce* point avec son tuteur.

Cette raison péremptoire produisit le plus grand effet sur l'assemblée. Hélas ! il n'était que trop vrai, on ne demandait le divorce que contre son mari ! Les avis s'ouvrirent alors sur le moyen de faire entendre raison au citoyen Jacques Dutais.

— Je lui dirais, reprit Clarisse d'un ton doctoral : monsieur... non, non... citoyen, c'est tout ce qu'il mérite, — citoyen, je sais danser, donc je dois aller au bal ; je sais

déclamer, donc je dois parler à des gens ca-
pables d'apprécier la beauté de mon organe
et la justesse de mes intonations, et non à
des rustres de paysans; je commence à dessiner passablement, cependant j'ai encore
besoin de leçons, vous savez que l'on n'a de
bons maîtres qu'à Paris; je puis en dire autant pour la musique; vous voyez donc que
votre projet de me confiner à Saint-Julien est
stupide, ainsi je le repousse.

— Très-bien! très-bien! crièrent toutes
les jeunes filles.

— J'ajouterais, dit Amélie, qu'à la campagne il faut se lever matin, beaucoup marcher,
s'occuper de ses valets, de ses ouvriers, toutes choses que je regarde comme contraires
aux droits *imprescriptibles* que nous avons
reçus de la nature.

— Oui, oui, son tuteur est un imbécile.
— Un monstre.
— Un aristocrate; oui, un aristocrate; il
veut l'envoyer dans ses terres, comme on y
envoyait les femmes sous l'ancien régime. Je

*La jeune Propriétaire.*                    3

je sais bien moi ; ma tante a demandé le divorce pour cela.

Olympe ne répondait que par des soupirs
aux propos extravagans de ses compagnes ;
elle n'osait parler de son père, même à Clarisse et à Amélie, ses meilleures amies. La
plus légère indiscrétion pouvait coûter la vie
au comte. Olympe regardait l'obligation de
rejoindre son père comme une raison sans
réplique pour tout quitter à l'instant même.
Pourtant elle éprouvait de vifs regrets de
changer son genre de vie. Olympe était une
personne studieuse et très-avide d'apprendre ;
n'ayant jamais étudié qu'en pension, elle se
figurait que hors des classes tout travail in-
tellectuel devenait impossible. Elle regrettait
donc les arts, dont sa mauvaise éducation de
pension ne lui permettait pas de séparer les
succès qu'elle avait obtenus du brillant auditoire qui l'avait couronnée ; elle regrettait son
institutrice, M^lle Desrosiers ; elle regrettait les
pensionnaires, ses compagnes. Combien elle
allait se trouver isolée quand elle serait seule
avec son père ! son père, pour qui elle aurait

donné sa vie ; mais qu'en définitive elle ne connaissait pas.

Il n'y avait que quatre ans que le comte de Saint-Julien avait quitté la France ; mais ces quatre ans, c'était toute son existence à elle. Avant le départ de son père, elle n'était qu'une enfant, n'ayant, comme tous les enfans, que des idées confuses et des sentimens sans portée. Peu à peu cette crainte, que lui inspirait la solitude partagée avec M. de Saint-Julien, éclipsa ses regrets et ses inquiétudes, ou plutôt les absorba en ne faisant qu'un avec eux. Pendant que M$^{lle}$ de Saint-Julien s'efforçait inutilement de mettre d'accord ses devoirs de fille et ses désirs de pensionnaire, ses compagnes s'étaient endormies. Au milieu du silence qui regnait encore dans la maison, Olympe entendit ouvrir des volets et tirer une table dans une pièce à l'entre-sol ; c'était le bon M. Blondel, l'ex-curé de Vallier, qui venait, à l'heure accoutumée, jouer son rôle de régisseur.

Ce bruit, qui révélait la présence du prêtre, excita un nouvel effroi dans l'âme d'Olympe. Elle se dit :

Si après tant de murmures contre la volonté de Dieu ; si, après m'être montrée fille sans tendresse pour mon père, j'allais mourir dans cette campagne, qui m'y donnerait l'absolution ?

A quinze ans, après sa première nuit d'insomnie, on est disposé à porter les choses à l'extrême. Olympe quitta brusquement sa couche étroite, revêtit, pour la première fois, le costume adopté dans la pension, puis, sortant à pas de loup, descendit l'étage qui séparait le dortoir du cabinet de M. Blondel. La pièce qui servait de bureau au régisseur, et, en même temps, de confessionnal pour M^{lle} Desrosiers et les élèves qui continuaient à suivre avec elle les devoirs de la religion, était un cabinet de dix à douze pieds carrés ; en face de la porte une table chargée de registres, au-dessus de laquelle une grande pancarte, attachée au mur, portait ces mots : *Ici on s'honore du titre de citoyen. Liberté, égalité, fraternité ou la mort.* C'était une formule imposée à tous les lieux sujets au public ; ce qui n'empêchait pas que les mères des élèves n'eussent été fort scandalisées si on ne les avait pas appelées *madame*, et que M^{lle} Desrosiers ne les trouvât beaucoup plus accommodantes sur les conditions lorsqu'elle avait trouvé le moyen de faire précéder leurs noms bourgeois de l'aristocratique particule *de*.

C'est bien à tort que l'on attribue la puissance des émotions religieuses à tel ordre ou tel ordre d'architecture ; le vrai temple du Dieu vivant est un cœur pur. Olympe se sentit aussi troublée devant cette petite porte grise sur laquelle était écrit en grosses lettres : *Comptabilité*, et plus bas : *tournez le bouton S. V. P.*, que si elle eût posé le pied sur le seuil de la plus imposante des cathédrales gothiques.

— Mon père, dit Olympe en entrant, avant de quitter cette maison, je voudrais soulager ma conscience. J'ai été bien coupable en pensée.

Le prêtre ne répondit que par un signe d'intelligence. Il fut tirer les rideaux de la croisée, mit le verrou d'une porte qui communiquait à l'intérieur, ôta le bouton de celle ouvrant sur l'escalier, revint s'asseoir sur son fauteuil , et, montant un grand écran de damas rouge entre sa pénitente et lui , il se disposa à écouter l'aveu de ces fautes de jeunes filles , qui semblent si pesantes à un cœur de quinze ans. Olympe s'agenouilla dévotement , et commença d'une voix tremblante :

Mon père !

— Parlez plus bas , mon enfant, et ne répétez pas si souvent ces mots : mon père ! on ne sait qui peut rôder ici autour.

Il ne faut pas rire de la pusillanimité du bon curé , il risquait sérieusement sa vie pour entretenir la foi dans le cœur de ses pauvres enfans. Découvert remplissant les fonctions de son ministère sacré , il n'aurait eu que le temps de recommander son âme à Dieu , et pouvait même entraîner M<sup>lle</sup> Desrosiers à l'échafaud avec lui. Olympe avoua au curé comment ses regrets de quitter la pension l'emportaient par momens sur la piété filiale.

M. Blondel n'était ni un Bossuet ni un Fénelon. Si la Providence n'avait fait de lui que ce qu'il paraissait être , un commis, on aurait pu dire sans crainte qu'il était d'une nullité complète; mais celui qui parle au nom du Seigneur; celui qui suit la morale simple et irrésistible de l'évangile; celui qui ne veut point écouter, interpréter, démêler les mille caprices du monde, n'a point besoin d'esprit: la croyance lui suffit; la parole de Dieu est toujours là pour lui fournir le mot éloquent qui commande l'abnégation et décide le sacrifice. Olympe sortit donc du cabinet de M. Blondel entièrement guérie de ses irrésolutions, et prête à soutenir avec un admirable courage les assauts que lui préparait l'éclatante douleur de ses compagnes.

Je ne veux pas médire des amitiés de pension; il en est, sans doute, qui sont sincères et durables; mais il en est aussi qui sont *un ton* que les élèves d'un caractère énergique et passionné imposent aux timides; car, telle aimable que l'on soit, on ne peut espérer d'être aimée passionnément par soixante personnes à la fois. C'était pourtant ce qui arrivait à Olympe; toutes les pensionnaires de M<sup>lle</sup> Desrosiers fondaient en larmes à la pensée de son départ. Outre le pouvoir occulte que j'ai

signalé, pouvoir qui, pendant l'adolescence
des filles, prélude à l'empire que la mode
exerce sur les femmes, se trouve encore une
cause qui motive ces élans d'enthousiasme et
de sensibilité qui s'emparent tout d'un coup
du peuple entier d'une maison d'éducation :
c'est qu'ils rompent la monotonie des journées. L'émulation des sanglots succède bientôt
à celle des larmes, et s'il arrive, par événe-
ment, qu'une pensionnaire ne pleure pas
assez, ou qu'une autre s'afflige au point d'en
avoir des spasmes nerveux, l'indignation ou
la pitié mettent en jeu les puissances de ces
jeunes âmes, engourdies faute d'occasions de
se manifester.

A chaque coup de marteau frappé à la porte
de la maison, les trois classes frémissaient
comme un seul enfant qui croit entendre venir
Croque-Mitaine, et le nom du citoyen Dutais
circulait de bouche en bouche. Enfin, à trois
heures de l'après-midi, après beaucoup de
vaines appréhensions, une petite fille blonde
et espiègle, à laquelle la douleur qu'elle ressentait du départ d'Olympe avait suggéré

vingt prétextes pour quitter ses devoirs et aller faire le guet à une lucarne haute donnant sur la rue, quitta son observatoire, et vint, tout en pleurant, annoncer à la classe des grandes que cette fois l'abbé cheminait vers la pension; elle venait de le voir de ses propres yeux. A cette nouvelle, les leçons furent suspendues, c'est-à-dire qu'on cessa de se contraindre.

Olympe avait voulu travailler encore ce dernier jour avec ses compagnes. En apprenant l'arrivée de son tuteur, elle se hâta de serrer ses cahiers dans son pupitre, rassembla ses dictionnaires, mais elle ne put faire ces apprêts sans que de grosses larmes ne coulassent le long de ses joues. Amélie et Clarisse, ses plus chères amies, se jetèrent dans ses bras. En ce moment, la porte s'ouvrit, et une servante annonça d'une voix brisée que M^lle de Saint-Julien était attendue chez *madame*. Toutes les élèves entourèrent Olympe ; c'était à qui baiserait ses mains, ses cheveux, sa robe. La même scène se renouvela dans les deux autres classes, à mesure qu'Olympe les traversa. Jamais reine enlevée à ses sujets ne reçut de plus vifs témoignages d'amour !

M^lle Desrosiers, très-fâchée de perdre une aussi bonne écolière, reçut les adieux d'Olympe avec un profond attendrissement. Elle voulut l'accompagner jusqu'au fiacre dans lequel les valets rangeaient la malle, le pupitre de bois noirci et les livres recouverts en parchemin de la pensionnaire ; en ce temps-là le bois d'acajou était un luxe hors de la portée d'une jeune fille, et l'art du relieur, bien loin de ce qu'il est de nos jours, ne permettait pas que les couvertures élégantes fussent prodiguées aux livres des pensionnaires.

A toutes les fenêtres du corps de logis principal, on voyait de jeunes visages et de petites mains qui agitaient des mouchoirs blancs en signe d'adieu. Olympe descendant le perron, appuyée sur le bras de M^lle Desrosiers, se retournait à chaque marche pour envoyer des baisers d'adieu à ses jeunes amies : enfin on baisse le marchepied, elle monte en voiture.

— Tu nous écriras, Olympe !

— Oui, oui.

— A moi, à moi, s'écrie-t-on de toutes parts.

— Je vous écrirai à toutes ; adieu !

— Ne nous oublie pas.

— Oh ! c'est impossible !...

Le cocher fouette ses haridelles, la porte du pensionnat est fermée ; Olympe est décidément perdue pour ses jeunes amies dont le désespoir prit alors un tel degré de violence que M^lle Desrosiers crut devoir accorder un congé général pour le reste de la journée. A quelque chose malheur est bon.

# CHAPITRE IV.

**Le voyage. Mme d'Iserlot. La patache. Le château de Saint-Julien. L'abondance à la campagne. L'arrivée du proscrit. Le concert impromptu. Scrupules d'Olympe qui veut rendre le château à son père. Entretiens de l'abbé et de sa pupille. Olympe sera fermière.**

DES lettres reçues de Montargis avaient modifié les plans de l'abbé de Montenay. Il trouva plus prudent de se rendre seul auprès du comte pour le conduire de nuit à Saint-Julien, tandis que la jeune propriétaire de ce manoir s'y rendrait de son côté en la compagnie d'une de ses parentes, madame d'Iserlot, veuve d'un baron du saint empire romain. Cette dame avait bien près de cinquante ans ; élevée dans l'ignorance, comme toutes les femmes de son âge, elle avait vécu dans une inaction complète ; elle n'aurait donc pas été d'un grand secours à Olympe si l'abbé n'avait joint à sa protection une aide plus efficace : c'était *l'ami François*. Ce brave homme, quoique un peu sourd, ainsi que nous l'avons déjà dit, était rempli de zèle et de dévouement ; très-mauvais mentor d'une fille de treize ans, il devenait un excellent factotum pour la jeune propriétaire de Saint-Julien.

On quitta la diligence à Nemours. Là , Olympe dut songer à se procurer une voiture qui la conduisit à Saint-Julien. François trouva, non sans peine, une *patache* pour transporter ces dames et leurs bagages, ce qui causa une joie très-vive à Olympe ; elle tremblait de n'être pas au château à l'arrivée de son père.

A l'heure dite, la *patache*, le cheval et le *patachon* entrèrent dans la cour de l'auberge où François leur avait donné rendez-vous. Madame d'Iserlot, qui n'avait aucune idée de ce *véhicule*, alors en usage dans tout le

Gatinais, s'avance sémillante sur le seuil de la porte : le mot *patache* s'était présenté à son esprit comme un synonyme de calèche, char-à-bancs, phaéton ; la réalité venant à frapper ses regards, elle recula d'un pas, puis se tournant vers Olympe presque aussi déconcertée qu'elle :

— Qu'est-ce à dire, mademoiselle ; au lieu d'une voiture cet imbécile de François vous amène une charrette !

A ce mot : charrette ! le patachon fronce le sourcil, et la rage dans les yeux, l'injure à la bouche, il commence à apostropher vertement les aristocrates qui confondent sa voiture avec une charrette. Cependant l'erreur de madame d'Iserlot était pardonnable. Que l'on se figure une sorte de cage à poulets longue de cinq pieds, large d'un peu plus de trois, recouverte d'une toile sale posée sur des cerceaux qui eux-mêmes, sont attachés aux ridelles, une planche sert à la fois de fond et de siége à la patache ; les voyageurs, placés dos à dos, deux sur l'avant, deux sur l'arrière, ont les jambes pendantes dans des paniers attachés à la planche du fond avec des courroies : ces paniers rasent presque le sol ; et les effets des malheureux voyageurs, imposés sur la planche dans l'espace laissé vide par leurs quatre personnes, roulent indistinctement sur le dos de ceux de devant, ou de ceux de derrière, suivant que la patache suit un plan incliné en montant ou en descendant ; cet engin se tenait en équilibre sans soupentes ni ressorts sur un misérable essieu terminé par deux roues grêles, qui semblaient n'avoir de consistance que celle que leur donnait la boue blanchâtre et graveleuse dont elles étaient entourées.

Certainement une pareille mécanique était pire qu'une charrette. Cependant son conducteur ne s'en trouvait pas moins offensé de la comparaison. La patache était en honneur, non-seulement dans tout le Gatinais, mais depuis Nemours jusqu'en Auvergne ; elle menait et ramenait les Auvergnats, les Limousins qui, tous les ans, venaient chercher de l'ouvrage à Paris. La patache jouissait de priviléges qu'avait respectés la révolution ; elle avait ses routes à elle, ses ornières dans lesquelles seule elle pouvait circuler, se vantant d'égaler la poste en vélocité, réunissant l'économie à l'avantage plus précieux de la sécurité, car de mémoire de patachon, jamais patache n'avait versé : du moins le conducteur l'affirmait-il en prenant à témoin l'aubergiste, les servantes et les voyageurs spectateurs de cette scène.

Cependant il fallait prendre un parti : le moindre inconvénient de cette discussion était la perte du temps. On était encore à deux lieues de Saint-Julien ; cette distance n'eût rien été pour Olympe forte et leste comme on l'est à quinze ans, mais M<sup>me</sup> d'Iserlot n'avait de sa vie tenté une aussi longue course, et lors même qu'elle aurait eu le courage nécessaire pour l'entreprendre, ses souliers, dont les semelles étaient aussi étroites et aussi pointues que des lames de couteaux, ne le lui auraient pas permis. Olympe essaya donc d'apaiser le patachon. Quelques paroles bienveillantes, jointes au don de deux assignats de cinq francs, adoucirent l'orgueil irrité de

cet homme, tandis que la nécessité soumet-
tait les répugnances de M^me d'Iserlot. La que-
relle encore toute chaude faillit pourtant se
rallumer quand il fut question de se placer.
Ainsi que je l'ai dit, il fallait s'asseoir dos à
dos aux deux bouts de la planche formant le
fond de la voiture. En se mettant à l'arrière,
il fallait voyager à reculons, ce que la vieille
dame n'avait jamais pu supporter; sur le devant, la croupe du cheval, le dos du conducteur, qui prenait place sur la droite du
limon, présentaient un vis-à-vis fort désagréable; cependant il était urgent de se décider
si l'on ferait la course à pied ou dans la seule
voiture qu'il fût possible de trouver, non-seulement à Nemours, mais dans les environs,
pour faire une course dans la traverse. Après
dix minutes d'hésitation, M^me d'Iserlot monta
sur le devant de la patache, ferma les yeux,
mit son mouchoir sous son nez, et donna le
signal du départ; car Olympe et *l'ami François* s'étaient élancés après elle avec une
promptitude égale à l'impatience que ces re-
tards leur causaient. Le patachon, pittores-

quement assis sur son brancard, entonna les primières mesures du *ça ira* républicain, et, sans attendre d'autre avertissement, le cheval partit d'un bon pas. .

Une fois sortie de Nemours, la patache quitta la grande route pour se jeter brusquement dans la voie privilégiée, voie qui se composait de trois ornières, deux profondes, où les roues étaient emboîtées presque jusqu'aux moyeux ; le cheval trottait dans la troisième : du reste, les prétentions de la patache à la vélocité et à sûreté étaient des mieux fondées. La voiture ainsi emboîtée filait sans pouvoir verser, avec la rapidité d'une flèche ; et si ce n'eût été leur apparence ignoble, jointe aux atroces secousses dont le corps des voyageurs était brisé, ces ornières, ces pataches, sœurs aînées des chemins de fer, eussent mérité de la postérité une mention honorable. Après trois quarts-d'heure de marche le patachon interrompit le chant monotone qu'il avait fait succéder au *ça ira*, et se tourna en souriant vers Olympe pour lui indiquer, du manche de son fouet, deux

masses de bâtimens qui s'élevaient à l'ho-
rizon.

Ce sont les tours de Saint-Julien, qu'on
appelle les jumelles, dit-il en clignant de l'œil
d'un air fin : c'est un beau domaine, une
jolie bague au doigt ; on n'est pas fâché tout
de même dans le pays qu'elle n'ait pas changé
de main.

Olympe avait répondu à l'indication de ce
garçon par un cri de surprise et de joie tout
à la fois ; l'amour de la propriété dissipait un
instant ses regrets d'avoir quitté Paris et la
pension de M$^{lle}$ Desrosiers. Au même moment
le soleil fit à la jeune propriétaire de Saint-
Julien la galanterie de percer les nuages
amassés à l'occident ; de ses derniers rayons
il colora les deux tours qui, prenant une
teinte dorée, se détachèrent nettement sur la
masse d'un vert sombre des arbers du parc.

Le château de Saint-Julien était situé sur
une hauteur. De vertes prairies, traversées
par l'Oing, bordaient le bas du parc. Cette
petite rivière non-seulement embellissait le
paysage, mais augmentait la valeur des terres

en permettant de transporter facilement, et
à peu de frais, à Paris, par le canal de
Briare, tous les produits de Saint-Julien. Les
bâtimens du château, placés sur une plate-
forme entourée de fossés profonds, formaient
un carré long au centre duquel était un préau
orné d'une fontaine. La façade donnant sur le
parc avait été construite sous Henri IV, ce
qui lui avait fait donner le nom du château
neuf. Le bâtiment en briques se composait
d'un corps de logis simple ayant trois croisées, dont l'une servait de porte pour entrer
dans le vestibule, de deux pavillons portant
trois fenêtres sur chaque face, dont les angles
saillaient également sur les préau et sur la
plate-forme. Sous les fenêtres du château, du
côté du midi, avait été jadis un parterre; on
y voyait encore les vestiges des cœurs, des
étoiles, des losanges, symétriquement dessi-
nés par des bordures de buis; mais, hélas!
depuis cinq ans les mauvaises herbes avaient
remplacé les fleurs dans les corbeilles; le buis
était mort dans certaines places, dans d'autres une végétation surabondante lui avait

fait pousser de longs rameaux semblables à ceux que l'on porte bénir le dimanche de Pâques fleuries.

De ce parterre, la vue se portait, au-delà des fossés, sur une patte-d'oie d'où partaient cinq longues allées bordées d'ormes centenaires, qui, s'étendant chacune dans une direction différente, dessinaient tout le parc. L'œil, en parcourant ce superbe dôme de verdure, arrivait à un saut de loup au-delà duquel on voyait la campagne : c'était une vallée étroite, où la nature n'avait rien de grandiose, mais se montrait fraîche et verdoyante ainsi qu'on la voit dans les lieux bas et humides. L'entre-deux des cinq allées était rempli par un beau taillis de chênes, parsemé d'ormeaux de trente ans fort bons à couper. Le château neuf n'était élevé que d'un rez-de-chaussée surmonté de hauts combles dans lesquels se trouvaient de vastes greniers. Sur les trois autres côtés du préau, il y avait des bâtimens d'une origine plus ancienne; à l'est et à l'ouest, des cloîtres contenant la salle des gardes, la salle des pages, les cuisines

et les communs où s'entassait la menue vale-
taille. Au-dessus de ces cloîtres et des bâtimens adjacens, régnaient deux galeries dont
les fenêtres étroites ouvraient sur le préau.
Ces galeries donnaient entrée à deux enfilades
d'appartemens, jadis renommés pour une
magnificence dont les ducs de Nemours
étaient, dit-on, jaloux. Au nord, une porte
basse crénelée, ayant un pont-levis qui s'a-
baissait sur le fossé ; deux tours massives,
les mêmes que les habitans avaient surnom-
mées les jumelles, flanquaient cette partie
qu'elles n'étaient plus appelées à défendre. Ces
constructions, de l'aspect le plus sombre,
remontaient au treizième siècle ; et les jumelles de Saint-Julien avaient eu, au temps de
la ligue, les honneurs d'un siége qui s'était
terminé au bout de deux jours par la retraite
des assaillans.

La première cour était très-vaste : elle
contenait des écuries pour trente chevaux,
un chenil immense, un pressoir, un four
banal ; car, sous l'ancien régime, les habitans
du petit bourg de Saint-Julien ne pouvaient

presser leur vin ni cuire leur pain que chez leur seigneur auquel ils devaient payer un droit. La conciergerie, renfermant le tourne-bride, où les hôtes du château de Saint-Julien logeaient leur suite, formait encore comme un village annexé à ces divers bâtimens si différens d'âge et de forme. Ces constructions étaient condamnées par l'abbé de Montenay; la charrue devait passer sur le terrain qu'elles couvraient. Déjà le marteau révolutionnaire avait commencé l'œuvre de destruction. Sous prétexte de faire disparaître les signes de la féodalité, on avait enlevé les chaînes du pont-levis qui, pour cette raison, restait toujours baissé, livrant à tout venant l'entrée du préau. La municipalité avait bien aussi ordonné d'abattre les créneaux du haut des tours et de dessus la porte; mais c'était une rude besogne que d'arracher de leur vieux ciment ces blocs énormes de grès de Fontainebleau. Après en avoir détaché trois qui, en tombant dans le fossé, avaient fait jaillir une boue noire et infecte, les *ouvriers citoyens* pensèrent qu'il y aurait moins de peine et

plus d'agrément à assouvir leur vieille ran-
cune sur le pressoir et sur le four dont ils ne
laissèrent pas pierre sur pierre. Après avoir,
en manière de divertissement, brisé les portes
et une partie des fenêtres, ces *citoyens actifs*
attachèrent aux murs, par ordre de la municipalité, un écriteau portant ces mots : *propriété nationale à vendre* ; en vertu de quoi
ceux des habitans du bourg de Saint-Julien,
qui avaient des constructions ou des réparations à faire à leurs demeures, vinrent, en
toute sûreté de conscience, enlever des matériaux au vieux manoir devenu, pensaient-ils,
la propriété de tous. Heureusement une sorte
de terreur superstitieuse empêchait le plus
grand nombre de franchir le pont-levis, et
presque tous ces actes de vandalisme s'exer-
cèrent sur les servitudes.

Olympe, impatiente de voir son château,
monta sur la planche où elle était assise, et
passant, pour se soutenir, son bras dans
l'un des cerceaux de la couverture, suivant
en cadence l'infernal cahot de la patache,
elle essaya, en grandissant sa petite taille de

la longueur de son cou et de celle de ses pieds mignons, de découvrir le plus possible de sa propriété. Bientôt ses efforts devinrent inutiles : on longea le mur de clôture, et ce ne fut plus qu'à chaque saut de loup, qu'Olympe put apercevoir, à l'extrémité des longues allées d'ormes, les bâtimens de brique du château neuf, couronné par les jumelles que le soleil n'éclairait plus.

L'aspect gothique d'une semblable habitation charmerait une jeune fille de nos jours ; mais en 1795, on n'était ni châtelaine ni pastourelle : Rome et Sparte, tels étaient les objets de l'émulation générale. Les meubles, les costumes du moyen-âge semblaient les œuvres d'un temps de barbarie ; le vieux château féodal parut donc aussi laid qu'une prison à celle qui ne rêvait que des temples d'Athènes et des bosquets de Tempé.

La patache triomphale, faisant un détour qui l'éloignait des murs du parc, descendit une pente assez rude et entra dans le bourg de Saint-Julien. Malheureusement pour les dames, ce bourg avait la prétention d'être pavé. Après plusieurs ricochets à travers des rues étroites où l'on n'avançait que par sauts et par bonds, tels que madame d'Iserlot croyait toucher à son heure dernière, le patachon, qui n'avait rien voulu changer à l'allure de son coursier, insensible qu'il était aux plaintes de voyageurs, aux aboiemens des chiens et aux complimens de bienvenue des commères placées sur leurs portes pour le voir passer, mit son cheval au pas : on commençait à monter une avenue plantée de noyers. Cette partie de la côte était aussi roide, mais plus longue que celle descendue pour arriver au bourg ; c'était la fin du voyage, on respirait.

Olympe voulut monter cette avenue à pied. Madame d'Iserlot, tremblant qu'il ne prît au cheval une nouvelle velléité de trotter, quitta aussi la patache. Prenant le bras de sa jeune parente, elles avancèrent toutes deux marchant sur un gazon fin et côtoyant de beaux arbres dont les branches chargées de fruits rasaient presque le sol. Cependant l'ensemble de cette scène n'avait rien de gai ; on touchait à la fin de septembre, la soirée était sombre et froide. A mesure que l'on s'éloignait du bourg l'obscurité et le silence augmentaient : pas une lumière ne brillait dans la masse noire des bâtimens du château, pas un bruit ne faisait pressentir qu'il y eût là des êtres vivans ! Madame d'Iserlot et Olympe se pressaient l'une contre l'autre en marchant : elles avaient peur et froid. Quand le patachon pensa qu'il pouvait être entendu, il fit claquer vigoureusement son fouet. Deux fois il répéta cet appel sans succès ; enfin au troisième, une lumière parut bien loin, bien loin, rasant le sol comme un feu follet.

— Ah ! dit le patachon, qui connaissait mieux les êtres que la propriétaire, ah ! la mère Picot était dans le château neuf, la voilà seulement qui traverse le préau. Si vous devez coucher là-bas, vous êtes plus braves, mes petites citoyennes, que bien des habitans du bourg.

— Est-ce qu'il y a du danger ? demanda la baronne avec émotion.

— Oh, non! on y entend seulement de drôles de bruits.

— Quelle idée a eue l'abbé d'ordonner que l'on préparât nos chambres dans cette partie du château, murmura tout bas M<sup>me</sup> d'Iserlot.

— C'est sans doute la seule habitable, répondit Olympe du même ton, puisqu'il ne s'agit que de bruit, cela n'est pas si effrayant.

— Mon enfant, ce n'est pas cela qui m'inquiète; les personnes comme il faut sont au-dessus des contes de bonnes femmes; mais enfin des bruits signifient toujours quelque chose; il est d'ailleurs fort désagréable d'entendre certains bruits, même sans en avoir peur. Moi, par exemple, qui déteste les chouettes, si il y a des chouettes dans ce vieux château, je n'y resterai certainement pas.

— Qui va là? cria la mère Picot en levant sa lanterne au-dessus de sa tête.

— C'est moi, ma brave femme, Olympe de Saint-Julien.

— Dieu vous bénisse, ma chère demoiselle, je n'espérais guère que ce château retournât jamais à ses véritables maîtres! Entrez,

4..

entrez, mademoiselle et madame ; ne craignez pas de vous heurter contre la porte , il n'y en a plus.

En dépit de l'obscurité si incomplètement dissipée par la faible clarté de la lanterne , Olympe fut frappée de l'aspect désolé que présentait cette première cour , et s'arrêta en ne voyant de tous côtés que des ruines.

— Cela n'est pas beau , dit la mère Picot en répondant à l'air consterné de sa jeune maîtresse ; heureusement que les bâtimens du château ont été plus ménagés.

La petite caravane se décida enfin à passer le pont-levis. L'intérieur du château neuf était distribué en grandes pièces , soi-disant meublées ; le vénérable mobilier, qui ferait aujourd'hui la fortune d'un marchand de bric-à-brac , parut hideux à Olympe et même à madame d'Iserlot , qui s'écria :

— Je ne sais à quoi pense l'abbé ! jamais on ne pourrait faire de ceci une habitation passable.

— Mon oncle a ses projets , madame ; je dois m'y conformer , car ils sont approuvés par mon père.

— Parlez bas, ma chère ; songez que Saint-Julien doit n'être connu ici que sous un nom supposé. Pauvre comte ! j'ai hâte de le revoir : à quelle heure doivent-ils arriver ?

— Entre dix et onze, madame ; Montargis est à six lieues de Nemours ; mais seulement à quatre de Saint-Julien, peut-être moins par la traverse.

— La traverse et la patache, pauvre comte ! il est peut-être dans cet horrible purgatoire au moment où nous parlons. Quant à l'abbé, il n'a que ce qu'il mérite. En vérité notre cher parent a des idées de l'autre monde. Charger une fille de votre âge du soin de sa fortune ; s'imaginer qu'elle peut tirer parti d'une terre en friche et d'un château en ruines ! Je prédis qu'avant deux mois la famine nous chassera d'ici. Mais à propos, ma chère Olympe, ne serait-il pas prudent que François veillât un peu au souper.

Le vieux domestique était occupé à ranger les bagages dans les chambres. Olympe, qui connaissait *l'ami François*, et savait que le brave homme n'interromprait pas aisément son travail, se décida à juger par elle-même de l'état des provisions. Elle crut pénétrer dans une caverne, lorsqu'elle entra dans la vaste pièce qui servait de cuisine. La mère Picot, accroupie devant un âtre où brûlaient deux arbres entiers, arrosait un gigot suspendu devant ce brasier par une ficelle ; un civet de lièvre *mijotait* sur un fourneau de terre perdu dans un monceau de cendres ; non loin de la cheminée, de beaux fruits, un gros pain et du linge bien blanc couvraient une petite table. Mademoiselle de Saint-Julien fut émerveillée d'une telle abondance ; on avait des fêtes à Paris, on y faisait de la musique, mais on manquait de tout. La viande, et surtout le pain, y étaient extrêmement rares.

— Comme on est riche dans ce pays ! vous ne souffrez donc pas de la disette ?

— Oh que si fait : dans la ville surtout ; mais voyez-vous, mademoiselle, quand on a de la terre on ne manque jamais. Cette bêtise qu'ils appellent le *maximum* empêche bien les fermiers de porter leur blé au marché ;

mais ça ne l'empêche pas de pousser. C'est ce que s'est dit mon homme. Quand il a vu que cela tournait mal, le cher homme a labouré deux des allées du parc, les a ensemencées en froment, ça est venu, ça a mûri, nous avons fait la moisson, nous avons battu en grange, envoyé au moulin, et comme cela vous ne craindrez pas de manquer de pain à Saint-Julien. Dans le temps, on a mis, il est vrai, les vaches en réquisition; cela a été dur. Cependant on nous a laissé une génisse; la pauvre bête a pâturé dans le parc, l'âge est venu tout seul, si bien qu'elle a eu un veau. Si nous avions voulu vendre notre nourrisson pour du numéraire cela aurait fait du mic-mac; pour des assignats, fi donc! mon homme dit que c'est de la *viande à gens soûls*.. Alors le cher homme a proposé au boucher poids pour poids, viande pour viande. « Touchez-là, a dit le marchand; ce que » pèse votre veau je vous le rendrai en bœuf » et en mouton. » Voilà comme quoi, mademoiselle, je puis vous servir un gigot rôti; quant au lièvre, ce n'est que l'histoire d'un coup de fusil; les fruits c'est encore plus aisé, il n'y a qu'à les cueillir : l'année est bonne, les arbres plient dans le verger. Soyez tranquille, mademoiselle, avec la grâce du bon Dieu, et deux mains au bout de ses bras, on vit bien sur une terre comme la vôtre.

Ce discours rustique donna fort à penser à Olympe en lui faisant entrevoir les moyens de faire régner l'abondance autour d'elle. Son rôle de propriétaire se présenta alors sous un meilleur aspect à ses yeux. Repoussant aussitôt ce qu'elle considérait comme un mouvement de cupidité, elle s'écria :

— Mon devoir ne peut pas être de devenir la maîtresse dans une maison où mon père seul doit commander : l'obéissance, voilà ce qui convient à une fille !

Olympe continua ses réflexions en allant ejoindre la baronne à laquelle elle exprima le vœu de voir son père se charger d'exécuter les plans agricoles de l'abbé.

— Miséricorde, ma chère enfant ! faire du comte de Saint-Julien un fermier ! vous n'y pensez pas. Les paysans sont nés pour ce métier, il est tout simple qu'ils le fassent. Mais un gentilhomme! mais une demoiselle! ce sont de ces folies dont l'abbé de Montenay seul est capable. Votre château n'est pas habitable : il vous faudrait quarante mille francs d'argent comptant pour le réparer, et vingt mille livres de rente, pour finir par vivre ici le plus tristement du monde.

— Si vous saviez, madame, quelle abondance y trouve la mère Picot.

— La mère Picot! quelle autorité; elle vit ici; il y a peut-être aussi quelques chèvres qui broutent sur vos terres; mais dites-moi ce que cela peut avoir de commun avec votre père et vous.

En cet instant les claquemens d'un fouet se firent entendre, une seconde patache entrait dans la première cour.

— Voici mon père! s'écria Olympe en pressant ses deux mains sur son cœur pour en apaiser le battemens. Elle voulait sortir, aller au-devant de M. de Saint-Julien; madame d'Iserlot l'arrêta.

— Votre émotion trahirait l'incognito du

comte ; demeurez au moins jusqu'après le départ du charretier.

On voit que la baronne était incorrigible dans son irrévérence envers les pataches.

Ce fut un sacrifice bien pénible pour Olympe que cet acte de prudence ; aussi était-elle noyée dans ses larmes quand, après cinq minutes d'une attente qui lui sembla avoir duré cinq siècles, la porte s'ouvrit pour donner passage aux citoyens Jacques Dutais et Alexis Grimpart. Le premier, soi-disant marchand de bestiaux, était vêtu de la carmagnole ; le second, soldat de la république, portait l'uniforme rapé et flétri des défenseurs de la patrie. Ainsi se présentaient le coquet abbé de Montenay et l'élégant comte de Saint-Julien. La baronne se couvrit les yeux de ses deux mains, afin de se dérober leur vue ; Olympe était dans les bras de son père. Les premiers momens d'émotion calmés, on s'assit autour du foyer, et l'on s'occupa de ce qui était toujours présent dans ces temps de malheur, les dangers personnels que l'on courait ou les pertes que l'on avait à redouter.

— Je suis arrivé à temps à Montargis, dit
M. de Montenay, on commençait à concevoir
des doutes sur l'identité d'Alexis Grimpart,
fusilier de la 32ᵐᵉ demi-brigade. Ainsi, mes-
dames, mettez la plus grande circonspection
dans votre conduite avec un soldat : ayez toujours devant les yeux qu'Olimpe de Saint-
Julien donne asile chez elle à un parent de
François Lami.

—Oui, mon enfant, reprit le comte en
s'adressant à sa fille, ce n'est qu'en cette
qualité que j'ai pu venir chez vous.

—Mon père, dit Olympe en s'agenouillant,
oh ! ne dites jamais, je vous en prie, que je
suis chez moi. Ce château est à vous, c'est
le bien de vos pères ; il serait hideux que le
nom de votre fille fut en tête de la liste de
vos spoliateurs ! Commandez ; tout ce que
vous me direz de faire, je le ferai ; il ne peut
y avoir rien de sérieux dans la comédie que
des lois iniques me contraignent de jour.

—Ma chère petite, je reviens plus avide
de repos que du pouvoir. Puis se tournant
vers l'abbé, il ajouta : Je croyais sur votre

parole qu'Olympe était résignée à porter le fardeau dont vous prétendez l'accabler ; mais vous l'entendez , la pauvre enfant s'en effraie avec raison. Pourquoi suis-je resté en France ! que pouvait-il m'arriver de pis ? au moins je n'étais à charge à personne.

— Oh ! mon père , vous ne m'avez pas comprise.

Olympe voulut expliquer comment des répugnances fondées sur son respect filial ne pouvaient diminuer en rien son dévoûment, mais M. de Saint - Julien ne l'écoutait plus qu'avec distraction, tout occupé qu'il était de l'appréhension d'une nouvelle attaque d'un rhumatisme goutteux auquel il était devenu sujet. Le souper que l'on servit mit fin à cet entretien ; sa somptuosité égaya même les convives. L'abbé était encore sensible à la bonne chère , il retrouvait à table tout le brillant de son esprit. Olympe n'avait qu'entrevu son père , et déjà sa pénétration féminine lui faisait découvrir qu'elle devait le distraire de ses chagrins , et non les lui mettre sous les yeux par des compassions inop-

portunes ; elle mit donc beaucoup de grâce
et d'enjouement à faire ses honneurs. Bientôt
ses seize ans prenant le dessus, sa gaîté
cessa d'être feinte.

C'était, en effet, quelque chose de plaisant que de voir M. de Saint-Julien et madame d'Iserlot en face l'un de l'autre ; ces
deux épiménides s'examinant sans se comprendre : la baronne ne pouvant revenir du
changement que trois ans avaient apporté
dans les vêtemens, les habitudes, la personne
même de M. de Saint-Julien ; le comte ne
concevant pas comment, après tant de malheurs, de bouleversemens, il pouvait retrouver M<sup>me</sup> d'Iserlot telle qu'il l'avait laissée,
parée, frivole, ignorante.

Au dessert, Olympe fit apporter sa harpe.
Elle chanta en s'accompagnant un air d'OEi-
dipe à Colonne ; elle avait la voix belle, et
mit beaucoup d'expression dans ce morceau
où Antigone déploie tout son dévoûment filial.
Le comte aimait passionnément la musique
qu'il avait cultivée avec succès. Il voulut
qu'Olympe essayât un duo avec lui. La parti-

tion d'Œdipe fut ouverte sur le pupitre, le père et la fille lurent plusieurs morceaux à la première vue. Ce petit concert impromptu fit le plus grand plaisir au comte.

— A présent, dit-il en se frottant les mains, je suis sûr de ne jamais m'ennuyer.

Ce mot, que M<sup>me</sup> d'Iserlot trouva passablement égoïste, fit tant de plaisir à Olympe qu'elle en remercia Dieu du fond de son cœur.

Lorsque chacun fut retiré dans sa chambre, l'abbé de Montenay entra chez Olympe en lui disant :

— Maintenant, ma nièce, causons et convenons de nos faits ; nous n'avons pas un instant à perdre, il faut dès demain mettre la main à l'œuvre.

En parlant ainsi l'abbé posait son flambeau sur l'angle de la cheminée et s'établissait dans un grand fauteuil de cuir de Cordoue, qui peut-être aujourd'hui orne un boudoir, s'il ne fait pas partie de la collection de M. du Sommérare. O mode, on ne cessera jamais d'adorer tes caprices !

— Bien, ma nièce, continua l'abbé, mettez-vous sur ce pliant et écoutez-moi. Vous comprenez enfin la situation où se trouve votre père ; vous savez qu'étant hors de la loi il ne peut paraître en rien : qu'ainsi ventes, baux, transactions, tout doit être fait par vous et en votre nom.

— Oui, mon oncle.

— Vous en êtes convaincue, c'est fort heureux. De plus, comme je ne puis pas être toujours à vos côtés, il faut que vous appreniez à défendre vos intérêts vous-même.

— Je l'apprendrai, mon oncle.

— C'est bien. Vous me promettez encore de vous défaire sans retour de cette pensée, que votre père doit reprendre ici l'autorité que la nature et la religion lui donnent. Jamais le comte ne s'est mêlé de la conduite de ses affaires ; et maintenant sa mauvaise santé, la perte de sa mémoire, jointes à ce défaut d'aptitude, le rendent totalement incapable de gérer ses biens.

— Quel malheur ! mais puisqu'il en est

ainsi, pourquoi m'abandonnez-vous, mon oncle ? pourquoi m'émanciper ?

— Pourquoi ? parce qu'en restant votre tuteur, je me serais trouvé, en plus d'une occasion, être celui de votre père ; et que, tel qui jouit des soins et du dévoûment d'une fille, souffre de l'intervention d'un étranger. D'ailleurs, ma chère Olympe, je voulais vous arracher à la paresse et à la frivolité qui perdent votre sexe ; vous contraindre au travail, sans pourtant vous rien imposer au-dessus de vos forces. Comment, ma chère nièce ! des femmes sans instruction, dont l'intelligence n'a reçu aucun développement, conduiront une ferme, tandis qu'une fille bien élevée, spirituelle, accoutumée à l'étude, n'osera entreprendre de les imiter ?

— Mon oncle, ces femmes ont l'habitude de ces occupations.

— Vous aurez la science pour vous, ma nièce ; car enfin il faut espérer que la théorie et le raisonnement l'emporteront sur la routine dans l'agriculture, aussi bien que dans les sciences et dans les arts. Cette routine, je ne prétends pas même vous priver de son secours, Picot et sa femme la possèdent parfaitement ; lui sera votre premier garçon de ferme, elle votre fille de basse-cour ; de plus je vous laisserai *l'ami François* qui vous servira d'inspecteur auprès de vos ouvriers, fera les courses extérieures et une partie du service de la maison. Ajoutez à ce persennel un jardinier, et vous aurez à votre disposition des yeux, des bras, des jambes ; vous n'aurez donc qu'à être la tête de ce corps actif et vigoureux ; il me semble qu'il n'y a rien là qui doive paraître bien difficile, surtout à celle qui ose envisager cette alternative : une vie honorable due au travail, ou une misère honteuse, fruit de la paresse et de l'ineptie.

— J'étudierai la Maison rustique, répondit Olympe en offrant son front aux baisers du bon abbé. Puis elle ajouta tout bas : sans négliger la musique, qui amuse mon père.

# CHAPITRE V.



Le premier soin de l'abbé de Montenay fut d'assurer à sa nièce l'argent nécessaire à l'exploitation de ses terres, argent que devait fournir la vente des bois et des matériaux provenant de la démolition des trois quarts des bâtimens devenus inutiles à la nouvelle destination du château. Dès le matin, on vit arriver le notaire, et la vente des arbres du parc fut affichée. En sa qualité de propriétaire, Olympe devait être présente toutes les fois qu'il s'agissait de vendre ou d'acheter ; son oncle exigeait même qu'elle prit une part active aux délibérations qui avaient lieu à ce sujet.

L'abbé poursuivait son plan avec une sorte d'enthousiasme, il était glorieux de l'espoir de fonder à sa nièce un revenu suffisant sur les débris improductifs du luxe de ses ancêtres. Rempli de cette idée, il n'avait de souci que du prix d'estimation fixé par le notaire. Olympe, moins possédée du génie industriel, ne pouvait se défendre de donner un regret à ces beaux arbres dévolus à la cognée meurtrière ; détruire des œuvres aussi magnifiques de la création, lui semblait presque un sacrilége. D'ailleurs il y a dans la jeunese un penchant inné qui lui fait aimer la magnificence, et ce penchant lui rend pénible le sacrifice de tout objet de luxe.

Tandis que l'abbé et le notaire, placés avec la jeune fille sur une éminence d'où l'on embrassait d'un coup-d'œil l'ensemble du parc, supputaient combien de bûches, de poutres, de moyeux, de roues, chacun de ces ormes vénérables fournirait au marchand de bois, Olympe rêvait au temps où ces ombrages étaient l'une des merveilles de la contrée, à ces temps où la terre n'était pas mesurée aux gentilshommes, seulement selon leurs besoins, mais encore selon leurs goûts et leurs plaisirs. Ce retour vers le passé fut d'autant plus douloureux à Olympe que les grandes fortunes territoriales lui paraissaient, ainsi qu'à tout observateur superficiel, devoir plutôt changer de mains qu'être détruites ; et que tant qu'il y aura ici-bas des heureux selon le monde, ceux qui ne détachent pas leurs yeux de la terre seront enclins à dire : pourquoi ceux-là et non pas moi ? Certes Olympe aurait dû combattre ce sentiment au lieu de s'y livrer ; mais il la faut excuser, elle n'avait pas seize ans, et son éducation religieuse était demeurée bien incomplète.

Quand il fut question de décider du sort des bâtimens, Olympe se montra tout autrement disposée qu'elle ne l'était pour le parc. Penchée sur un plan du manoir féodal de Saint-Julien, retrouvé dans la chambre des

archives, elle se disposait à condamner, le
le château neuf excepté, toutes les constructions qui entouraient le préau. L'abbé l'arrêta.

— Avec votre permission, ma nièce, nous
respecterons les jumelles de Saint-Julien, plus
trois arcades à l'est et trois à l'ouest. Ce sont
des corps de ferme tout construits dont la
solidité vous promet une grande épargne pour
les réparations. A l'aide de distributions nouvelles, ces bâtimens vous procureront étables, écuries, granges, remises, colombiers,
poulaillers, toits à porcs, et de plus des logemens pour vos domestiques et vos ouvriers.
Je vais m'occuper avec soin des travaux
nécessaires pour donner à chaque emplacement une destination convenable. Condamnez,
par exemple, la porte voûtée avec sa herse
et son pont-levis, détruisez ce corps-de-
garde et ce logement de concierge pratiqué
dans l'épaisseur des murs : une porte charretière, un pont de bois, construit à demeure
sur le fossé, remplaceront tout cet inutile
attirail de guerre.

Le sort des fossés fut ensuite agité. Devait-on les combler ? dans ce cas le pont devenait inutile ; c'était une économie, mais compensée par la dépense des remblais ; devait-on les garder malgré leur inutilité ? ces fossés jadis étaient alimentés par une source encore existante au milieu du préau ; quand le château était bien entretenu, cette eau coulait sur un fond de glaise entre deux gros murs ; une fuite, placée à une hauteur convenable, maintenait, dans les fossés, un volume d'eau suffisant pour rendre presque impossible l'emploi des fascines, dans le cas où les ennemis eussent tenté l'attaque du château ; le frottement du temps avait usé le ciment, la glaise ne faisait plus son office ; les eaux de la source, se perdant à travers des terres, formaient çà et là des mares croupissantes.

— Si nous comblons les fossés, disait l'abbé de Montenay, nous planterons des pommes de terre sur le terrain.

— Comme on en a planté dans le jardin des Tuileries, reprit avec aigreur madame d'Iserlot. En vérité, monsieur, vous êtes devenu depuis quelques jours d'un jacobinisme insupportable ; la bande noire ne ferait pas mieux que ce que vous faites. Toutes ces dilapidations sont odieuses , je vous le dis franchement. Si vous m'en croyez, ma chère Olympe , vous garderez vos fossés, votre parc, et...

— Vous vivrez de l'air du temps , se hâta d'ajouter l'abbé ; n'écoutez pas de telles billevesées , ma nièce.

— Sans doute que vous trouvez plus raisonnable d'enseigner à cette jeune personne l'oubli de son rang et le mépris de ses ancêtres ? fi ! l'abbé , fi donc !

— Mon Dieu ! que l'aveuglement est une singulière chose ! mais, madame, est-ce donc insulter à nos ancêtres que d'imiter leur sage conduite. Lorsqu'ils fondèrent la monarchie qui vient de s'écrouler , ils avaient non-seulement à conquérir des domaines, mais à les défendre ; et ils organisèrent tout pour la guerre. Aujourd'hui ce n'est plus cela. Les richesses seront les fruits du labeur de l'ouvrier et non des prouesses guerrières , du moins de celles qui se faisaient dans l'intérieur du pays. Nous devons donc multiplier les récoltes sur nos terres, et non les hérisser de fortifications. Que les nobles demeurés riches gardent et soignent ces antiquités coûteuses, c'est fort bien fait à eux ; quant à ma pupille, elle est ici comme Robinson dans son île ; il faut qu'elle utilise les débris du naufrage pour se créer une existence qui, croyez-moi, madame, ne manquera ni de dignité ni de douceur.

Pendant cette discussion, Olympe avait cherché à lire dans les yeux de son père quel était son avis ; mais M. de Saint-Julien n'écoutait pas ce qui se disait. Incapable de rien comprendre aux plans de son cousin de Montenay, il se dispensait de les méditer, résolu qu'il était marcher dans l'avenir comme l'aveugle qui s'abandonne à son guide ; jamais on ne vit de découragement aussi complet. M. de Saint-Julien ne voulait ni commander ni faire acte de volonté quelconque ; c'était un fait qu'Olympe était forcée de reconnaître tout en espérant qu'un jour il sortirait de cette torpeur, et qu'elle aurait encore le bonheur d'obéir à son père.

Olympe ouvrit un troisième avis relative-
ment aux fossés, ce fut de creuser au ruisseau qui s'échappait de la fontaine un lit
proportionné à son mince filet d'eau; de le
maintenir quelque temps aux bords du mur
intérieur du fossé pour lui laisser ensuite la
liberté de serpenter à travers un talus partant
de la plate-forme, et terminé au mur extérieur. Nous planterions, ajouta M^{lle} de Saint-
Julien, ce talus d'arbres à fleurs et à fruits,
ce qui ajouterait au produit et à l'agrément
de l'habitation.

— Bravo, Olympe, voilà une véritable
pensée de propriétaire; j'ajouterai seulement
ceci à votre plan : les eaux du ruisseau seront conduites à un endroit convenable pour
former un vivier, chose très-utile à l'entretien de votre table. Un vivier doit avoir environ trois pieds de profondeur; être long de
douze pieds, et large de six. On doit pouvoir
le vider en entier, afin de le nettoyer lorsque
cela devient nécessaire. Quinze ou vingt
pièces de poisson, dignes d'être tirées de
l'eau, seront plus que suffisantes pour l'en-

tretien de votre maison ; Picot , en jetant ses filets une fois par mois dans l'Oing , où vous avez droit de pêche , pourra facilement vous les fournir. Vous nourrirez les poissons en leur donnant chaque jour douze ou quinze livres d'orge que vous aurez fait tremper la veille dans de l'eau chaude ; l'hiver , vous ferez jeter au fond du vivier une brouettée de fumier pour empêcher l'eau de geler ; si cette précaution ne suffisait pas , il faudrait faire un trou à la glace , et y introduire un bouchon de paille pour donner de l'air au poisson. De toutes façons , mon enfant , il ne faut pas laisser trop long-temps le poisson dans le vivier ; il y dépérirait infailliblement. Surtout ne souffrez jamais que l'on mette des brochets dans votre vivier ; ces animaux , lorsqu'ils sont grands , dévorent leurs compagnons : petits , ils tourmenteraient encore vos carpes et vos tanches , et les feraient maigrir.

A mesure que l'abbé parlait, Olympe écrivait la leçon sur ses tablettes. Il était décidé qu'il y aurait un vivier dans l'enclos ; sa

place était indiquée, lorsque *l'ami François*
se présenta pour mettre le couvert. A l'instant
les plans furent pliés, les papiers et l'encrier
emportés. Après le repas, Olympe offrit de
faire une lecture. Sa proposition ayant été
acceptée, elle lut la tragédie d'Athalie. M. de
Saint-Julien éprouva, en entendant déclamer
sa fille, un plaisir que depuis long-temps il
ne se croyait plus capable de goûter. Le rôle
de *Josabeth* lui rappelait M^lle^ Desgarcins, dont
l'organe enchanteur avait fait les délices de
ses belles années. Mais lorsque Athalie entrait en scène, c'étaient les triomphes de
M^lle^ Raucourt qui se retraçaient à sa mémoire.
Ainsi reporté vers ses beaux jours, le comte
retrouva une partie de son ancienne gaîté,
conta avec grâce quelques anecdotes, et
Olympe ressentit de ce nouveau succès une
joie capable d'effacer l'orgueil de tous ses
triomphes chez M^lle^ Desrosiers.

Je l'ai déjà dit, la déclamation est un art
précieux qui devrait entrer dans l'éducation
des jeunes gens des deux sexes. On ne saurait croire combien à la campagne, et même

à la ville , dans les longues et tristes soirées
d'hiver, une lecture bien faite , sans fatigue ,
avec des intonations justes , répand de
charmes autour du foyer domestique , en
rompant des conversations qui , à la longue ,
pourraient devenir fastidieuses et même dé-
générer en commérages ou en taquineries.

An moment de se séparer , l'abbé promit
à sa pupille de lui donner le lendemain la
première partie de ses instructions. Il tint parole , et Olympe reçut à son réveil un cahier
contenant ce qu'on va lire.

# CHAPITRE VI.

**La maison d'habitation. La salle, la lingerie, la bibliothèque.**

Vous habiterez, ma chère Olympe, le pavillon de l'est du château neuf; dans celui de l'ouest seront les appartemens de votre père, de M$^{me}$ d'Iserlot, plus une chambre d'ami que je viendrai occuper aussi souvent que possible. Plus tard, nous nous occuperons de la distribution et de l'ameublement de ce pavillon; maintenant retournons chez vous.

La salle à manger sera la pièce où vous vous tiendrez habituellement. Elle est située au nord, je le sais; mais deux grandes fenêtres, ouvrant sur la cour où sont les bâtimens d'exploitation, faciliteront merveilleusement votre surveillance. Dût M^{me} d'Iserlot me nommer Marat, Robespierre ou Couthon, le salon de compagnie, faisant suite à la salle à manger, deviendra la cuisine. Cette pièce, la plus importante de la maison, doit aussi en être la plus grande, puisque c'est là que vos domestiques et vos ouvriers prendront leurs repas toute l'année, et se tiendront pendant les soirées d'hiver. On replacera les deux panneaux qui, de chaque côté de la cheminée, séparent le salon de la salle à manger par des vitrages à hauteur d'appui, permettant de voir à tout instant ce qui se passe dans les deux pièces. Dans le soubassement du panneau, à droite de la cheminée, on pratiquera une ouverture en manière d'armoire, contenant deux planches, sur l'une desquelles la cuisinière déposera ses plats, tandis que, de l'intérieur de la salle, on mettra sur l'autre la desserte; moyen qui simplifie singulièrement le service. La pièce au midi, ouvrant sur le parterre, sera votre lingerie. Le panneau qui tient à la salle à manger contiendra aussi un vitrage qui vous donnera la facilité d'observer les femmes employées à la lingerie. Sur le même panneau, en allant du côté de la cuisine, je fais ouvrir une porte masquée, et je ménage un petit cabinet noir, servant de communication intérieure, entre la cuisine, la lingerie, la bibliothèque et la salle à manger. Ce qui se nomme la bibliothèque est la pièce aussi au midi, et faisant suite à la lingerie, et pouvant vous servir de salon en hiver, moyennant le percement d'un large vitrage donnant sur la cuisine. Vous vous étonnez, Olympe! Oui, j'insiste pour que la cuisine, siége principal de vos gens, soit éclairée de tous les points. Votre surveillance, qui ne doit pas cesser un instant, étant ainsi annoncée, n'aura jamais le caractère honteux de l'espionnage. Étant toujours présente parmi vos gens, non-seulement vous vous assurez de leur probité , mais vous les forcez , à chaque instant du jour , à la décence et aux bonnes mœurs. Au levant , contiguë à la cuisine , est une pièce qui sera votre chambre à coucher. Elle est petite ; mais qu'importe, puisque vous ne devez pas vous y tenir à d'autres heures qu'à celles consacrées au repos.

On meublera le vestibule de banquettes recouvertes en cuir noir , avec un paillasson devant chacune d'elles. Sous ces banquettes on rangera les sabots que l'on met pour aller dehors ; car les sabots sont aussi indispensables pour marcher à la campagne que les chaussons minces le sont pour danser au bal. De chaque côté de la porte qui ouvre dans la salle à manger , deux râteliers, auxquels on suspend son manteau et son parapluie en hiver , son chapeau de paille et son parasol en été. Au milieu de la salle à manger , une table solide de douze couverts , ayant dessus une toile cirée afin qu'elle soit toujours prête à recevoir le pain, le vin, les fruits, le fromage , etc. , qu'il est indispensable de servir aux cultivateurs qui viennent de loin pour acheter ou vendre des denrées, ces gens-là ne sachant conclure un marché que le verre à la main.

Il faut, ma chère Olympe, apprendre à se conformer aux habitudes sans conséquence des gens avec lesquels on vit, quelque fastidieuses qu'elles puissent paraître. Nul, pas même le plus grossier, ne s'avisera de vous faire un crime de la modestie de vos paroles ou de la réserve de votre maintien; mais si vous paraissez répugner à des corvées qu'ils regardent eux comme des politesses, ils reconnaîtront bientôt, non plus à leur respect involontaire, mais à leur antipathie, que vous êtes d'une autre race qu'eux.

En face des croisées, de chaque côté du vitrage pratiqué sur la lingerie, vous placerez les deux grandes armoires qui sont dans le grenier. Ce sont d'anciens dressoirs en bois de chêne sculpté. Le haut de celui de droite contiendra la vaisselle dont on se sert tous les jours : dans le bas, et la porte fermée à clef, vous serrerez l'argenterie, le vin, le sucre, le café, dont la consommation est journalière; l'autre dressoir sera divisé en compartimens : dans ceux le plus à la portée de votre main, vous enfermerez les drogues de votre pharmacie ; car l'une des conditions de votre nouveau genre de vie est d'exercer la médecine, voire même la chirurgie, si le cas se présente. Cependant je ne prétends pas, ma chère Olympe, que, sous couleur d'un beau dévoûment à l'humanité, vous vous ingériez de distribuer des médicamens qui pourraient bien tuer le malade au lieu de guérir la maladie. Je veux seulement que vous ayez chez vous les remèdes qui, sans être dangereux, doivent être appliqués promptement, tels que vomitifs, emplâtres de vésicatoires, sinapismes, etc., etc.

Les accidens les plus fréquents à la campagne sont les chutes, les contusions, les coups de soleil, les pleurésies et les blessures faites par le fer ou par le feu. Si un homme fait une chute, ne souffrez jamais qu'on le secoue pour lui faire reprendre connaissance, et s'il faut absolument le transporter, que ce soit le plus doucement possible, et pour le placer

dans un lieu d'où il ne doive plus être déran-
gé. En cas de contusion simple, ayez toujours
des sangsues dans un bocal afin d'en poser
tout de suite sur l'endroit meurtri. Des bains
de pieds sinapisés avec un quarteron de farine
de moutarde, du vulnéraire distillé, du sel
de nitre ; le premier se prend à jeun, et le sel
se met à la dose d'un sixième de gros, ou
douze grains, dissous dans l'eau que le malade doit boire dans sa journée, même en
mangeant ; ce traitement, suivi pendant neuf
jours, empêche toutes les suites dangereuses
des chutes et contusions.

Les coupures sont encore plus faciles à
guérir que les contusions. Quand on vous
présentera une entaille, ne vous laissez pas
effrayer par la vue du sang. Lavez la blessure
afin d'enlever les ordures qui auraient pu s'y
introduire, puis rapprochez les chairs du
mieux que vous pourrez, et retenez-les avec
du taffetas d'Angleterre ou du sparadrap, si
la blessure est forte ; mettez ensuite une
bande solidement assujétie. Si le sujet est sain,
le troisième jour vous pourrez remplacer le

sparadrap par de la charpie enduite d'un peu
de cérat. Si, au contraire, la plaie menace
de devenir mauvaise, faites tomber l'inflammation au moyen de cataplasmes de farine
de graines de lin, ou de compresses trem-
pées dans de l'eau de guimauve. Les cataplasmes doivent être renouvelés souvent,
pour ne point aigrir, et les compresses en-
tretenues toujours mouillées. Cela fait, ne
songez à cicatriser la blessure que lorsqu'il
n'y aura plus ni battemens ni rougeurs autour
de la plaie. Ayez aussi dans votre pharmacie
des emplâtres aimantées pour extraire les
fragmens de fer ou d'acier qui, comme des
échardes, s'introduisent dans les pieds et
dans les mains des filles de campagne.

Je vous conseillerai de traiter les brûlures
d'une manière bien simple, dont un colon
de mes amis a vu de merveilleux effets à la
Martinique. Si la brûlure est récente, re-
couvrez-la d'une couche épaisse de coton
cardé, que vous assujettissez avec des bandes; le lendemain, enlevez légèrement le
dessus du coton, en ayant soin de ne point

arracher celui qui adhère à la plaie, vous en remettrez du nouveau, et ainsi de suite, pendant neuf jours, au bout desquels le coton s'en ira de lui-même, et la brûlure sera guérie sans même laisser de cicatrice. Dans le cas où la négligence, les remèdes de bonnes femmes, auraient amené la brûlure à l'état de suppuration, il faut la traiter comme les autres plaies; seulement, lorsque l'inflammation sera tombée, il faut, pour faire sécher la plaie plus vite, ajouter à votre cérat quelques gouttes d'extrait de Saturne.

La complète inaction du membre malade étant le plus puissant agent de guérison, si c'est un de vos serviteurs ou de vos ouvriers qui se soit blessé, vous ajouterez à vos soins le sacrifice de l'ouvrage qu'il pourrait vous faire, tout en continuant à le payer. On ne risque jamais rien à se montrer juste et généreux : qui donne aux malheureux prête à *Dieu !* et vous savez, chère Olympe, si notre père qui est dans le ciel est un bon débiteur !

Si c'est un étranger que vous avez secouru, vous lui conseillerez le repos, appuyant votre

6..

ordonnance de quelques secours, s'ils sont nécessaires pour en assurer l'exécution. A tous vos malades vous conseillerez la diète; tout au moins, l'abstinence de soupe aux choux, de lard, etc. A tous vous interdirez le vin pur et l'eau-de-vie pendant les neuf jours qui suivront l'accident. Enfin, chère Olympe, vous serez un excellent carabin, vous deviendrez l'être le plus utile de votre commune lorsque vous aurez appris à vous servir d'une petite pince, voire même d'un bistouri. La première, pour extraire des chairs les épines et les échardes ; le second , pour faire, en cas de besoin , une incision cruciale dans un abcès. Ne frémissez pas, chère Olympe, à l'idée de vous servir d'un instrument de chirurgie. C'est une mauvaise sensibilité que celle qui éprouve une si grande pitié des maux de nos semblables qu'elle nous rend incapables de leur procurer aucun soulagement.

Les malades sur lesquels vous pouvez exercer la médecine sont les pauvres gens atteints de rhumes, de rhumatismes, de transpirations arrêtées , les enfans dans le croup , la rougeole , les convulsions causées par la dentition et la coqueluche.

Vous trouverez les prescriptions pour soigner toutes les maladies , en tant qu'elles suivent leur cours naturel , dans la Médecine domestique , du docteur Bachand , et l'Hygiène des enfans , du docteur Tissot. Ces deux ouvrages vous indiqueront encore le symptômes à l'approche desquels il faut appeler un médecin. Voilà , ma chère enfant , une bien longue disgression à propos d'une armoire. Elle aura servi, j'espère , à vous convaincre de la nécessité d'avoir toujours à votre portée des médicamens tels que l'émé-tique, du laudanum , de l'ammoniaque liquide et en sel , de l'éther , etc. ; plus des bandes , des compresses et de la charpie qui , avec les médicamens, doivent toujours être fermés d'une clef que , dans aucune circonstance , vous ne devez confier à personne. Les tra-verses du haut de votre armoire contiendront les graines des plantes usuelles qui doivent être semées pour le service de votre pharmacie, et même vendues à des voisins aisés qui pourraient en avoir besoin. Continuons maintenant l'ameublement de la salle à manger.

Entre les deux croisées, une table sur laquelle seront deux registres : un contenant un journal exact de tout ce qui aura été fait ou sera arrivé dans votre maison pendant vingt-quatre heures. Voici un modèle qui vous montrera comment j'entends que vous vous rendiez compte de l'emploi de votre journée. J'emploie le vieux style comme vous étant plus familier. Seulement, par prudence, vous ferez mention des dates républicaines et des décadis entre deux parenthèses. Le vingt-un mars, premier jour du printemps, étant le 30 ventôse, un décadi ; il n'y a point de travaux ce jour-là. Outre le respect donc on ne doit jamais se départir pour les lois du pays qu'on habite, il ne faut point oublier que Dieu a placé le repos et les loisirs du pauvre sous la sauvegarde de l'un de ses plus exprès commandemens. Les nations en délire peuvent abjurer la lettre de la loi divine ;

qu'importe à celui qui en suivra l'esprit ? il sera toujours sur la voie du salut, tandis que l'avare, l'égoïste, qui dans sa maison n'accorde ni paix ni trève au malheur, ne sera sauvé ni par les pratiques qu'il suit, ni par les symboles qu'il récite.

| 22 MARS (1ᵉʳ GERMINAL) | OBSERVATIONS. |
|---|---|
| Ensemencé, dans le clos, un hectare en luzerne.<br>Ensemencé en raves, carottes, panais pour les bestiaux, les trois hectares quarante centiares où l'on a récolté du blé l'année passée.<br>Semé des pois dans le potager, contre le mur exposé au midi.<br>Donné treize œufs à couver à la poule blanche. | Il est reconnu maintenant que les racines pivotantes détruisent les mauvaises herbes et amendent mieux la terre que ne le faisaient les jachères.<br>Les pois ont été *chaulés* pour en hâter la végétation ; c'est un essai.<br>(Poules). Si le 12 avril les poussins ne sont pas éclos, la couvée est manquée. Il faudra soulever doucement la poule, et substituer d'autres œufs à ceux qui n'ont pas réussi. Si vous lui faites boire quelques gouttes de vin, elle ne conservera aucun souvenir de la soustraction. |
| Envoyé cinquante livres de fil au tisserand pour faire de la toile de ménage.<br>Donné aux femmes de service deux livres de lin pour les veillées de la décade. | (Lin). Les femmes ne travaillent que huit jours, dans une décade il y a toujours un dimanche. |

Semé, dans le potager, les épinards, l'oseille, les oignons, mis sous cloches les laitues romaines semées contre le mur situé au midi.

(Laitues). Elles doivent être pommées dans le courant d'avril. Si elles tardaient, il faudrait les arroser de temps à autre avec du *chaulage*; c'est un essai.

La vache noire a vêlé ce matin à six heures. Marguerite a mis une demi-bouteille de vin dans l'eau de son qu'elle a donnée à boire à la vache; le veau tette bien.

(Vache qui vêle). On dit qu'il est bon d'ajouter une poignée de sel à la boisson d'eau de son et de vin. En faire l'essai à la première occasion.

Pansé la main de Pierre qui s'est coupé.

Donné à Marguerite la permission d'aller, cet après-midi, à Nemours, voir sa sœur.

Reçu de la pépinière de M. François, à Montargis, six cents pieds de fraisiers, trois cents caprons de Hollande, trois cents fraisiers des Alpes. J'ai fait repiquer les caprons en bordures dans le potager; les fraisiers des Alpes sur les talus en face du château, exposition du levant.

(Fraisiers des Alpes). Ils doivent être arrosés souvent; bien soignés, ils rapportent deux fois l'an.

C'est assez de ces deux journées remplies au hasard pour vous faire comprendre mon idée. L'autre registre contiendra vos recettes et vos dépenses inscrites sur six colonnes où tous les articles seront détaillés.

| RECETTES. | JOURNÉES D'OU-VRIERS. | GAGES DE DOMES-TIQUES. | NOURRITURE, CHAUFFAGE, ETC | DÉPENSES PERSONNELLES. | DÉPENSES IMPRÉVUES. |
|---|---|---|---|---|---|
| *Mars.*<br>       fr. c<br>Il reste en caisse. . . 200 »<br>Le 12, reçu. 150 »<br>Pour de la luzerne livrée le 12 decemb.<br>Le 16, du boucher . 80 »<br>Pour un veau; il doit encore 50 liv. le veau à 40 centimes. .<br>Le 20, vendu, au marché de Nemours, 3 hectolitres de blé froment à 20 fr. 30 c. 60 90<br>Total . . . 190 90 |        fr. c.<br>Pierrie, le jardinier, 31 jours à 2 fr. 62 »<br>Jean, garçon, 31 jours à 1 fr. 30 centimes . . 40 50<br>Leblond, 12 jours de semailles à 2 francs, sans nourriture . 24 »<br>Jeannette, fille de peine, quatre jours de lessive à 75 c., sans nourriture 3 »<br>Total . . . 135 50 |        fr. c.<br>Picot, premier garçon. 40 »<br>Sa femme 20 »<br>François Lami, domestique. . . . 40 »<br>Marguerite, fille de basse-cour . . . . 15<br>Total des gages 115 | *Détailler les articles*<br>       fr. c.<br><br>Total présumé 120 | *Détailler les articles.*<br>       fr. c<br><br>Total présumé. 50 |        fr. c<br>Au couvreur pour tuiles brisées par le vent. 12 »<br>A Roch, 2 journées pour avoir cherché de la glaise pour mettre au vivier qui ne tenait plus l'eau . . . . . 3<br>Total . . 15 |

Recettes. . . . . . . . 400 40  
Dépenses. . . . . . . . 145 50 } Excédant. . . . . . 54 90

Je suppose que ce tableau soit tracé sur le recto de votre registre : alors vous consignerez au verso un autre ordre de recettes et de dépenses : en recettes, vous enregistrerez les récoltes au fur et à mesure qu'elles rentreront ; en dépenses, les denrées consommées soit pour votre maison, soit pour la nourriture du bétail et l'entretien de la basse-cour. Je m'expliquerai plus longuement sur la manière de tenir cette seconde partie de votre registre, lorsque je m'occuperai des écuries, étables, pigeonnier, poulailler, etc., etc. Au-dessus de votre table supportant vos deux registres, vous ferez poser deux tablettes, bien à la portée de la main. Là seront rangés les livres de médecine que je vous ai indiqués ; le volume du Traité d'agriculture où il sera parlé des travaux que vous devez faire exécuter dans le courant du mois, le reste de l'ouvrage étant trop considérable doit rester dans votre bibliothèque. Un bon Traité des maladies des bestiaux, un Parfait Jardinier, une Cuisinière bourgeoise, pour aider à la science de dame Picot ; enfin, les numéros du Bulletin des lois, contenant les décrets concernant les propriétaires fonciers afin de ne souffrir aucun préjudice, d'éviter d'en porter à autrui, et surtout de se mettre en contravention avec l'autorité.

Ayez dans votre salle un plan bien fait de votre propriété. Vous l'attacherez à la tenture en guise de tableau, et pourrez lui donner pour pendant une carte du département où les routes seront indiquées. Il vous faut encore deux meubles : une table à ouvrage ayant un tiroir fermé d'une bonne serrure ; dans le tiroir, dont la clef ne doit jamais vous quitter, seront déposées toutes vos autres clefs. Cette table doit être placée dans l'embrasure de la croisée du côté du vitrage, de manière qu'en travaillant à des ouvrages d'aiguille, vous puissiez facilement surveiller ce qui se fait dans la cour et dans la cuisine. Le second meuble est une pendule : il y aura aussi une horloge dans la cuisine ; je n'exige pas, qu'à l'exemple de Charles-Quint, vous vous obligiez à les faire sonner en même temps ; mais vous ne devez pas souffrir qu'il y ait entre elles d'assez notables différences pour servir d'excuse à la négligence.

Quant au reste de l'ameublement, comme chaises, fauteuils, rideaux de croisées, garnitures de cheminées, l'état actuel du mobilier de Saint-Julien vous force à renoncer au luxe et surtout à suivre la mode. Cependant vos vases de porcelaine du Japon, remplis de jolies fleurs fraîches, feront très-bien sur la cheminée ; vos rideaux de toile de coton peuvent avoir le mérite d'être d'une extrême propreté, et vos fauteuils de cuir noir sont d'une forme commode.

Après la salle, la pièce la plus importante est la cuisine. Établissons bien d'abord sa topographie. Une fenêtre au nord qui sera convertie en porte, pour établir une communication avec l'extérieur. Cette porte, coupée par le milieu, sera dans le bas en fort bois de chêne, ayant un simple loquet pour le jour, une serrure pour la nuit, avec deux fortes targettes assujetissant le bas dans le seuil. La partie du haut en vitrage, partie pre que toujours ouverte, sera défendue le soir par des volets et des barres. En dehors, un grand auvent empêchera la pluie de fouetter dans la cuisine, et abritera en même temps les deux bancs placés de chaque côté de la porte : bancs sur lesquels pourront s'asseoir le voyageur fatigué ou le mendiant qui mange de la soupe, avant d'aller prendre dans la grange son bon lit de paille fraîche.

A l'intérieur, à droite de la porte, vous placerez la huche à pain et le billot sur lequel on dépose les viandes. A gauche, le coffre à bois ; car rien de plus dangereux pour le feu, de plus désagréable à la vue, de plus incommode, que des bûches et des fagots répandus autour du foyer. Je sais que cela se pratique ainsi dans presque toutes les cuisines de fermes ; mais, en thèse générale, n'imitons que ce qui est bien Au-dessus de la huche et du coffre, des étagères pour placer les marmites, chaudrons, etc., etc. Un garde-manger est une chose indispensable dans une maison bien ordonnée ; pour en obtenir un, nous sacrifierons une des croisées du côté de l'est. Le châssis enlevé sera remplacé en dehors par des treillis cloués d'une manière solide. Il est entendu que ce treillis, destiné à donner de l'air, doit être placé à une hauteur qui le mette hors de la portée des mains malicieuses ou intéressées. Dans l'embrasure, des planches recevront les mets qui doivent reparaître, soit sur votre table, soit sur celle de vos domestiques. Cette espèce d'armoire aura, du côté de la cuisine, une porte pleine avec une serrure. On n'y mettra que le beurre, les œufs, les viandes cuites. Le garde-manger pour la viande crue doit être pratiqué dans les caves. Nous nous en occuperons lorsque nous visiterons cette partie du château.

Sous la seconde fenêtre seront les fourneaux, l'évier tout à côté, et dans l'entre-deux des croisées, le vaissellier. Au-dessus de ce meuble, l'horloge dont je vous ai déjà parlé. Entre la porte du cabinet et le mur extérieur, placez le panier à égouter la vaisselle, et une fontaine à sable contenant l'eau destinée à la boisson; contre ce même mur on suspendra la batterie de cuisine en cuivre.

De l'autre côté de la porte du cabinet, le lit à quatre colonnes en serge verte dans lequel doivent coucher Picot et sa femme. Le four doit être adossé à l'une des parois de la cheminée; sous le four on ménagera un charbonnier où vous ferez mettre chaque semaine ce que la cuisinière doit consommer de charbon. Le reste de la provision doit demeurer sous votre clef; cela est triste, j'en conviens, mais l'ordre le plus parfait peut seul assurer le succès de votre établissement; et les domestiques, même les plus fidèles, sont tous enclins à gaspiller les combustibles.

La table de cuisine sera placée au milieu de la pièce, allant de la cheminée au vaissellier, laissant assez de place aux deux bouts pour pouvoir circuler à l'aise : chaque place sera marquée par un tiroir où vos domestiques enfermeront, après le repas, leurs serviettes, leurs couverts et le pain s'ils en laissent. Je sais que dans une maison où il y a des porcs et des poules, les croûtes de pain ne sont pas perdues ; mais il est essentiel d'habituer ses valets à l'économie. Deux bancs de bois et quelques chaises compléteront le mobilier de la cuisine. Ah! j'oubliais : sur le manteau de la cheminée, un râtelier supportant trois fusils pour armer, en cas de besoin, votre père, François et Picot. Je n'ai rien à vous prescrire quant à votre chambre à coucher, et peu de chose pour le cabinet qui doit vous servir de bibliothèque. Je me borne à vous engager à consulter, dans l'arrangement de votre demeure, plutôt le bien-être de ceux avec lesquels vous devez vivre que vos propres fantaisies ; cette abnégation étant la base la plus solide du bonheur d'une femme.

La lingerie est une pièce très-importante dans une maison ; cependant elle ne doit pas être trop grande. Je tiens d'une dame, très-savante en fait d'économie domestique, que du linge en grande quantité, ainsi qu'on a l'habitude d'en amasser en province, n'est à tout prendre, qu'une prodigalité sans élégance. La manie de ne faire la lessive que tous les six mois, ou même tous les ans, qui sait la profusion du linge, est encore une détestable méthode ; elle n'offre d'autre profit que de se servir de linge jauni dans les armoires ; et c'est là le moindre des inconvéniens, comme je vais vous le prouver. D'abord on ne peut laisser son linge pourrir dans la malpropreté ; il faut donc avoir une femme qui, tous les deux ou trois jours, plus ou moins, le porte au lavoir, l'y décrasse une première fois, ce qui l'use du double et lui fait courir le risque des accrocs et autres accidens que peuvent entraîner la négligence et la maladresse. De plus, la maîtresse de maison obligée de donner ce linge en compte chaque fois à la laveuse, et de le recevoir d'elle, ce qui multiplie les soins et absorbe un temps qui pourrait être mieux employé.

Tous ces désagrémens ne sont rien encore auprès du bouleversement que les grandes lessives causent dans une maison. Tout ordre est interverti, tout travail suspendu ; maîtresses et servantes ont la tête perdue ; les hommes, habitués à marquer comme *néfaste* le jour, ou pour mieux dire, les jours de lessive, désertent, quand ils le peuvent, une maison où il faut se résigner à mal dîner ; car la cuisinière a bien assez à faire de remplir le cuvier ; ils fuient ces servantes et ces filles de peine, circulant dans la maison et dans les cours, rouges, haletantes, les manches retroussées jusqu'aux coudes, le bonnet sur l'oreille, tandis que leur maîtresse, dans un costume tout aussi disgracieux, mêle le fracas de ses réprimandes au bruit assourdissant du battoir : une visite devient un fléau dans un pareil moment que le mouvement qu'il a fallu se donner pour se procurer le nombre suffisant d'ouvrières repasseuses, plisseuses, *empeseuses*, a répandu à trois quarts de lieue à la ronde la nouvelle que madame une telle fait sa *lessive*, ce qui préserve des importuns.

Le nombre de femmes que l'on emploie témoignant de l'énorme quantité des linges que l'on possède, occuper toutes les ouvrières d'un canton devient une affaire de vanité. Si donc il arrive que deux solennités de ce genre se heurtent dans un arrondissement, ce sont alors des inquiétudes, des manœuvres, des rivalités, voire même des ressentimens difficiles à éteindre.

Ces sortes de drames peuvent être précieux à des ménagères dont l'esprit est inactif; mais une femme spirituelle, instruite, bien élevée, n'a pas besoin de rechercher de si vives émotions dans une si pauvre cause. Je vous conseille donc de faire blanchir tous les quinze jours : madame Picot dressera son cuvier le soir; le lendemain elle coulera sa lessive sans embarras, tout en vaquant comme à son ordinaire aux soins de la cuisine. Vous prendrez une femme pour aider Marguerite à laver. Marguerite et cette même femme de journée détireront le linge qui se met sous la presse; une seule repasseuse vous suffira pour le linge fin ; toute cette opération ne vous demandera que de compter votre linge en le donnant et en le recevant, de surveiller les laveuses en jetant de temps à autre, et sans vous déranger, un coup-d'œil sur le grand carré de la fontaine ou dans votre lingerie à travers le vitrage qui donne dans la salle.

Maintenant fournissons la lingerie des meubles et ustensiles qui lui sont nécessaires. D'abord des armoires qui, afin de préserver le linge des rats, seront bien doublées en bois de chêne et munies de planches posées sur des crémaillères, afin de pouvoir les resserrer et les espacer à volonté. Ces armoires seront adossées à la muraille qui sépare la lingerie du vestibule. La porte sera murée ; l'embrasure restera ouverte du côté du vestibule et servira à mettre les balais, plumeaux, etc.

La dame de qui je tiens ma science m'a démontré la manière de ranger une armoire. Sur chaque planche on commence par déposer une enveloppe ; de vieux rideaux de soie, lorsque l'on en a, sont ce qu'il y a de meilleur. Sur votre enveloppe, vous mettez un gros sachet rempli de poudre d'iris, vous empilez votre linge, terminez par un sachet et recouvrez bien avec l'enveloppe. Lorsque vous prenez du linge, vous attaquez toujours les piles par en haut; quand il vous revient du linge blanc, vous le placez en-dessous ; de la sorte, chaque pièce sert à son tour.

Les armoires doivent être bien fermées. Chaque battant sera retenu du haut et du bas par de fortes targettes ; on ne saurait trop présenter d'obstacles à la poussière.

Au milieu de la lingerie, doit être une table de deux pieds et demi de large sur douze pieds de long. Cette table sera rembourrée et couverte en serge verte. Elle posera sur des pieds massifs, scellés dans le plancher ; car il faut que tout en étant très-solide, cette table ne porte que sur le milieu, et laisse à chaque bout une longueur d'environ quatre pieds, sans supports, pour que deux femmes, travaillant en même-temps, puissent enfiler les robes et les jupes dans ces bouts de tables, et les repasser simples.

La pièce étant carrée, la table sera placé dans la largeur, de façon à ce que le jour soit également réparti entre les deux ouvrières ; à chaque bout, une crédence avec des briques pour placer les fers ; dans la cheminée, deux fourneaux pouvant contenir cinq fers chacun. Sur le chambranle une boite remplie de tannée dans laquelle seront déposés les fers à plisser, gauffroir, etc. La tannée est pour préserver les fers de la rouille. Sur le manteau de la cheminée, six gros crochets pour accrocher les fers lorsqu'ils ne serviront pas.

Le long de l'armoire, une seconde table qui servira à détirer et à plier le linge qui ne doit pas être repassé. Dans l'angle opposé aux fenêtres, la presse; elle ne doit se composer que de deux planches de la grandeur d'un drap plié en huit. Celle de dessous, posée sur un fort billot de bois; celle de dessus plus pesante, et adaptée à une vis de pression. Il faut que cette machine n'ait ni trop d'élévation ni trop de pesanteur, afin qu'une femme puisse la manœuvrer. Votre gros linge, ainsi pressé, aura un coup-d'œil lisse et presque satiné tout-à-fait agréable. Deux cordes de crin bien tendues traverseront la chambre à huit pieds du sol : on y étendra le linge trop humide pour être repassé ou pressé ; l'étendage se fera à l'aide d'un marchepied qui doit toujours rester dans la lingerie et servir aussi à l'arrangement des armoires.

Avant de passer au pavillon de l'ouest, entièrement consacré aux logemens de votre père et de M^me d'Iserlot, nous allons monter au grenier de celui que vous habitez, et décider le parti que l'on peut en tirer pour la commodité et l'utilité. Ce grenier est vaste, assez élevé, éclairé par des fenêtres en mansardes. Nous ferons pratiquer, au moyen de cloisons, deux chambres ; à l'est sera votre chambre à provisions. Sur des étagères seront rangés les pains de sucre, le café dans des vases de terre, il s'y conserve mieux que dans les bocaux de verre ou les boites de fer-blanc, l'huile de Provence pour votre table, le riz, les pâtes d'Italie, la bougie, le savon, la chandelle et autres articles d'épicerie qu'il faut acheter en gros quand on n'habite pas auprès d'une grande ville. Dans cette chambre vous serrerez aussi les sirops, les confitures et toutes les conserves de fruits ou de légumes préparées pour l'hiver. Au nombre des sirops, ceux de gomme, d'orgeat, de guimauve, doivent tenir le premier rang à cause de la place qu'ils occupent dans la pharmacie. A la campagne, une femme active et qui ne laisse perdre aucun produit de son jardin peut faire beaucoup de bien et tenir une bonne table à peu de frais. Vous trouverez, à la fin de mes instructions, la liste des ouvrages où vous pourrez puiser les recettes à l'aide desquelles vous exécuterez les divers travaux que je vous impose.

J'ai indiqué la place des herbes cuites, de la chicorée, et des haricots verts conservés à la saumure, sur les tablettes, à côté des confitures, parce que la méthode de conserver les légumes dans de grandes jarres est très-mauvaise ; une fois entamées, les conserves se moisissent ou s'aigrissent facilement. Il faut donc proportionner les vases à ce que l'on doit consommer dans un repas, ou deux tout au plus. Les cruches contenant l'huile à brûler, les tonneaux où sera le sel gris et blanc, enfin les caisses de pruneaux, de poires, de pommes séchées au four, et les sacs de noix destinées aux desserts de vos gens pendant la mauvaise saison, seront posés à terre. Le saloir doit aussi trouver place dans cette chambre, et comme vous y monterez très-souvent, il vous sera facile de donner à la cuisinière ce qu'elle doit employer de lard et de petit-salé en denx ou trois jours. Je n'ai pas besoin de vous dire que cette pièce doit être préservée des rats et des souris ; il faut encore que les fenêtres soient garnies de contrevens que l'on tiendra fermés, l'obscurité éloigne les insectes, comme mouches, papillons, etc. De la propreté et une attention minutieuse peuvent seules garantir vos provisions des araignées et des fourmis. De plus, cette pièce sera aussi bien fermée qu'un coffre-fort : serrures, verrous de sûreté, rien ne doit être négligé, la gourmandise élargit les consciences, il faut donc lui opposer la nécessité d'une effraction tout-à-fait criminelle.

La seconde chambre servira de garde-meubles et de garde-robes. Elle sera au nord.

Vous y serrerez l'été les meubles et les vêtemens qui ne servent que l'hiver, et récipro-
quement. Au lieu de tablettes nous aurons de
grands coffres bien clos ; l'on y enfermera au
printemps les rideaux de couleur enlevés des
lits et des fenêtres, les tapis qui s'étendent
devant les foyers, les couvertures de laine et
de coton devenues superflues, les édredons,
etc. La meilleure manière de préserver des
vers les étoffes, la plume, les fourrures,
c'est de les priver d'air et de jour. Vous
étendez au fond de chaque coffre un vieux
drap blanc de lessive, vous placez dessus ce
que vous voulez serrer, et vous recouvrez
avec les bouts du drap, et vous mettez le
couvercle qui doit fermer hermétiquement.
Pour plus de sûreté, et surtout pour éviter
que vos effets ne prennent une odeur désagréable, vous recueillerez à l'automne du
réséda, de la lavande, de la verveine,
des branches de géranium odorant, vous
ferez sécher ces feuilles à l'ombre, et quand
elles seront sèches vous en jetterez des bot-
tes dans vos coffres. L'espace laissé libre par

les coffres recevra les paravens, les garde-
cendres, les pelles, pincettes, les dernières
enveloppées de papier afin d'éviter la rouille.
Dans le reste du grenier on tendra des cordes
sur lesquelles les femmes de service mettront
le linge sale ; cela vaut mieux que de l'en-
fermer, il ne prend pas de mauvaise odeur
étant ainsi à l'air, et s'il arrive que les serviettes de toilette ou les torchons soient
mouillés quand on les jette au sale, ils pour-
rissent au lieu de sécher.

Le château de Saint-Julien possède des
caves vastes, profondes et très-saines ; c'est
là l'un des mille avantages des fortes constructions que nous ont laissées nos pères. On
descend dans les caves par une trappe masquée qui se trouve dans le vestibule devant
la porte conduisant au parterre ; l'escalier est
droit et suffisamment large, avantage inap-
préciable pour descendre le vin en pièces. Au
bas de l'escalier est une espèce de salle voûtée, éclairée au nord et au sud par deux
soupiraux : nous nous emparerons de celui
du nord, et à l'aide d'une cloison en planches

et d'un morceau de treillis, nous fabriquerons-là un excellent garde-manger, en ayant soin d'y établir un courant d'air, au moyen d'une lucarne en haut de la porte. Le mobilier de cette pièce se compose de deux crocs suspendus à la voûte, où seront accrochés les viandes et le gibier, d'une tablette de marbre servant à déposer les volailles, un débris de chambranle de cheminée peut être utilisé à cet effet. Il faut avoir la plus grande attention à ce que les planches qui forment la cloison soient toujours bien jointes, que toutes les ouverteres soient treillissées, et que le treillis ne soit jamais ni déchiré ni décloué. Les mouches qui s'introduisent dans les garde-manger corrompent les viandes en y déposant leurs œufs.

Dans cette première cave seront déposés les baquets, les cuviers, les selles à porter le linge, les boites et les battoirs des laveuses, enfin tous les ustensiles servant à la lessive ; on y rangera aussi les futailles vides. A droite et à gauche règnent de beaux berceaux de caves : chaque côté sera fermé d'une porte solide ; à droite sera votre cellier,

à gauche sera la provision de vin nouveau
destiné à la boissoin de vos gens ; ce vin ne
se mettant point en bouteilles, on range les
pièces sur des chantiers dans une position
horizontale afin que la pente n'occasionne
pas de vide. Vous avez quatre domestiques,
le jardinier et son garçon. En leur donnant
à chacun un demi-litre de vin pour leur repas, cela vous fait par jour trois litres. Vous
ferez jauger avec soin une futaille du pays.
Quand vous serez assurée du nombre de litres
qu'elle contient, vous la fractionnerez par
tiers. Cette opération arithmétique faite, rien
ne vous empêchera, lorsqu'il faudra mettre
une pièce en perce, de la faire sortir dans la
première salle, et de laisser à M^me Picot la
disposition du vin, en ayant soin d'inscrire
sur votre registre le jour où la pièce sera
entamée, et de faire compter avec vous à
votre cuisinière combien de temps son contenu doit durer.

Les vendanges du Loiret n'étant pas très-
mauvaises, je vous conseille de boire du vin
du cru à votre ordinaire ; mais pour votre

table il faudra le laisser vieillir, tandis que
pour vos gens je vous ai spécifié du vin nouveau parce que, à moins de circonstances,
comme une grande baisse dans les prix, ou
un échange avantageux, il est bon de s'éviter les soins et les frais de la garde du vin,
car il faut que les pièces qui sont sur les
chantiers soient remplies au moins une fois
tous les deux mois avec du vin pareil. On
doit aussi les visiter souvent afin de s'assurer
qu'elles ne coulent pas. Votre vin en bouteilles sera rangé au fond de votre cave dans
autant de cases que vous en aurez de diffé-
rentes espèces, les bouteilles posées à tête-
bêche, chaque rangée séparée par une latte
appuyée sur le ventre des bouteilles. On peut
ainsi les élever jusqu'à vingt rangées sans
danger; mais comme vous avez de la place
vous ferez faire les lignes plus longues. Au-
dessus de chaque case vous aurez une place
blanchie à la chaux sur laquelle vous écrirez
le nom du vin qu'elle contient. Vous choisi-
rez dans votre cave un espace commode où
vous ferez sceller des planches percées,

destinées à recevoir les bouteilles vides. Chaque fois que vous descendez à la cave vous
devez exiger que l'on place sur les planches
un nombre de bouteilles égal à celui qui a
été vidé. Pour éviter ou de laisser égarer des
bouteilles, ou, ce qui serait plus grave, d'en
réclamer plus qu'il n'en a été monté, il faut
avoir une ardoise et un morceau de craie;
avant de quitter la cave, vous écrivez, je
suppose : le 80 mars, 12 bouteilles de vin
d'ordinaire, 4 de Bourgogne, 1 de Bordeaux :
le 6 avril vous comptez dans votre buffet ce
qui reste de vin; il vous est facile alors de
savoir combien de bouteilles vides doivent
vous être rendues; il faut en les recevant les
examiner une à une pour s'assurer de deux
choses : qu'elles ne sont point étoilées, et
qu'en les enlevant de votre table on a eu le
soin de les nettoyer en y passant de l'eau et
du menu plomb; de la sorte elles ne prennent point de mauvais goût, et l'on évite
beaucoup de peine et une grande perte de
temps lorsqu'il faut tirer du vin. La même
méthode que je vous indique pour avoir le

compte exact de vos bouteilles vides, peut servir à vous assurer celui bien plus important des pleines. Sur cet endroit blanchi où est écrit le nom du vin, vous inscrivez le chiffre total de la pile 150, par exemple, et chaque fois que vous prenez de cette pile, vous inscrivez un nouveau chiffre ; un coup d'œil sur cette seconde colonne, un autre sur les rangs de la pile, et en deux secondes vous savez votre compte. Une pile finie on gratte et on blanchit le mur ; c'est l'affaire d'un instant. Vous voyez, ma chère Olympe, que je vous impose l'obligation de descendre vous-même à la cave. Certes la probité de *l'ami François* doit vous inspirer toute confiance ; mais vous connaissez sa distraction, jamais il ne saurait s'astreindre à un contrôle si simple : d'ailleurs, vous devez connaître par vous-même l'état de toutes vos provisions, non-seulement pour empêcher qu'elles ne soient gaspillées, mais encore pour régler l'emploi de vos revenus ; une dépense pressentie en fait ajourner une autre, tandis que si un beau matin François venait vous dire :

mademoiselle, il n'y a plus de vin ; et M^me Picot, au moment de commencer une lessive : mademoiselle, le savon ou le charbon manquent, vous pourriez vous trouver au dépourvu.

Voilà, ce me semble, le pavillon de l'est distribué de façon à ce que vous ayez sous la main tout ce qui constitue l'empire d'une bonne ménagère. Maintenant traversons le vestibule et rendons-nous dans le bâtiment opposé. Je vous ai laissé toute liberté de disposer à votre fantaisie l'ameublement de votre bibliothèque et celui de votre chambre à coucher, mais ici il n'en doit pas être de même : vos goûts, vos habitudes ne peuvent plus être comptés pour rien, ce sont les goûts et les habitudes de vos hôtes qu'il faut consulter. Ne vous rebutez pas : ne croyez pas facilement à l'impossible quand vous serez en face de grandes chambres et des vieux meubles dont vous pouvez disposer pour l'établissement de M^me d'Iserlot et du comte de Saint-Julien. Tout devient charmant offert par une âme aimante : j'ai vu des esprits féminins opérer des miracles en ce genre. Le pavillon de l'ouest est assez bien distribué pour l'habitation de plusieurs personnes ; le corridor, ayant une porte dans le vestibule et une fenêtre à l'autre extrémité, et qui sépare les pièces au nord de celles au sud, offre un dégagement précieux. Vous logerez M^me d'Iserlot dans les chambres correspondant à la lingerie et à la bibliothèque. La première sera sa chambre à coucher que vous meublerez avec une certaine recherche de coquetterie. Ici je vous laisse inventer, ce sera pour moi la pierre de touche de votre mérite de femme.

Admirer dans autrui les connaissances variées est d'un esprit supérieur, vénérer la vertu c'est de la justice ; mais savoir caresser des exigences parfois déraisonnables, embellir des ridicules en s'attachant à les rendre inoffensifs à force de contentement, voilà l'amabilité, et une femme qui n'est point aimable est, à mon sens, un être incomplet. Revenons à l'appartement de M^me d'Iserlot. La pièce qui suit sa chambre à coucher lui servira de cabinet de toilette. Votre rez-de-chaussée a quatorze pieds de haut, il sera donc facile de couper transversalement ce cabinet par un plancher ; un petit escalier placé à l'un des angles conduira à cette soupente où l'on pourra placer un lit pour coucher une femme. La pièce d'en bas étant d'une belle dimension , vous ferez pratiquer des armoires en plaçant contre les panneaux qui sont susceptibles d'en recevoir ; la cheminée , qui devient inutile , sera fermée du haut. Des portes en menuiserie appliquées au chambranle , et cet endroit sombre servira de décharge. Enfin dans l'angle opposé à l'escalier on pratiquera un réduit éclairé par une baie ouverte dans le mur et fermée en dedans par un carreau mouvant : ce sera la garde-robe. Je n'ai pas besoin de vous dire qu'il faut munir le cabinet de toilette et la garde-robe de tous les ustensiles qui entrent dans les habitudes d'une femme habituée à une vie élégante. Ainsi M$^{me}$ d'Iserlot ne saurait se passer de porte-manteau pour attacher sa robe de toile avec les mêmes

soins et les mêmes précautions qu'étaient suspendus ses riches habits de cour, ni de planches pour poser les cartons renfermant son
chapeau de paille et ses cornettes du matin.
Enfin faites que rien ne manque dans cette
chambre : ni la toilette avec sa glace à bas-
cule et ses compartimens où sont renfermées
les essences, les poudres, les brosses ; ni le
coussin chaud et moelleux pour poser les
pieds en se coiffant ; ni la glace d'une plus
grande dimension et devant laquelle on s'ha-
bille ; à chaque côté de cette glace deux bo-
bèches prêtes à recevoir des bougies, et sur
le cadre, des clous à crochets où seront atta-
chées deux pelotes, ce qui n'empêchera pas
une troisième pelote sur la toilette. Devant
la fenêtre une table toujours couverte d'une
serviette blanche, et sur cette table un pot à
l'eau, sa cuvette, et un grand verre à côté.
Je vous conseille aussi de faire accrocher au-
dessus de la cheminée une de ces fontaines
en faïence à deux robinets, comme vous en
avez plusieurs, et d'avoir l'œil à ce qu'on
la remplisse régulièrement. Encore un mot

avant de quitter l'appartement de M<sup>me</sup> d'Iserlot. Vous ne pouvez pas espérer donner à
votre digne parente une autre femme de
chambre que celle qu'elle a maintenant ,
c'est-à-dire Marguerite , votre fille de *basse-
cour* ; mais au lieu de vous amuser à voir
jouer la scène d'*André* et de la comtesse d'Es-
carbagnas, ainsi que vous le faites depuis
deux jours , c'est vous , ma chère Olympe ,
qui devez prévoir ce que Margueritte ignore ,
le commander strictement , et plus souvent
le faire vous-même ; car vous ne pouvez vous
empêcher de la suppléer en beaucoup de
choses. Par exemple , Marguerite couchera
au-dessus du cabinet, c'est fort bien pour
rassurer notre parente et appeler du secours
s'il se trouvait qu'elle fût malade la nuit ;
mais on ne peut attendre que cette fille, se
levant tous les jours à quatre heures du matin, veillera le soir pour attendre sa maîtresse. C'est donc vous qui devez accompagner M<sup>me</sup> d'Iserlot dans sa chambre et lui
rendre tous les bons offices qu'exigent son
âge et son peu d'habitude de se servir elle-

même. De même, le matin, Marguerite étant
à faire de l'herbe ou à tirer les étables, vous
devez, en allant et venant dans la maison,
entrer chez la baronne, voir de vos propres
yeux si rien ne manque de ce qui lui est nécessaire ou agréable.

Ma troisième pièce correspondant à votre
chambre à coucher restera pour être offerte
à une amie. Vous la pourvoirez du mieux
possible, et selon la saison, de tout ce qu'on
aime à voir sous la main ; car c'est un très-
mauvais procédé que de déranger les gens de
chez eux où ils sont bien, pour leur faire
connaître mille petites privations qui sont
les coups d'épingles de la pauvreté.

Les deux grandes chambres au nord loge-
ront votre père et moi. Chacune de ces
chambres a une alcôve adossée au corridor
avec une porte de chaque côté ; l'une de ces
portes donne entrée dans la chambre par un
passage assez grand pour y placer des porte-
manteaux cachés derrière un rideau ; l'autre
conduit dans un grand cabinet qui est éclairé
sur le corridor par un *œil-de-bœuf*. Je m'éta-

blis dans la pièce la plus près du vestibule ,
et laisse la seconde à Saint-Julien : d'abord
parce qu'elle est beaucoup plus grande. De
ses trois croisées , l'une donne sur la campagne du côté du couchant ; elle laisse
apercevoir une jolie vue capable de distraire
votre père qui , de long-temps , je crois , ne
prendra un grand intérêt au spectacle que
peut offrir une cour de ferme ; enfin , la troisième raison et la plus puissante , est que
dans la petite antichambre se trouve enclavé
l'escalier qui conduit aux combles où sera
disposée la chambre de François. Je vous
donne ce fidèle domestique, ma chère ; trai-
tez-le avec considération , car en l'acceptant
vous prenez l'engagement d'acquitter la
dette contractée envers de longs et loyaux
services. François entend parfaitement le service de la table et celui de la chambre ; qu'il
soit spécialement attaché à votre père ; mais
vous connaissez ses distractions continuelles ;
elles vous imposent l'obligation de le surveiller et de le suppléer parfois. François Lami
peut encore être employé à faire vos recettes

et vos acquisitions. Dès qu'il s'agira de vos intérêts, comptez que sa probité lui rendra toute sa présence d'esprit.

Revenons à l'appartement de votre père. Je vous ai dit que vous deviez être ingénieuse pour reprendre chez M<sup>me</sup> d'Iserlot un certain vernis de coquetterie et d'élégance ; ici, le fard à employer c'est la commodité. Choisissez pour Saint-Julien, non les meubles les plus frais, mais ceux où l'on est le plus à l'aise. Votre père éprouve une grande lassitude de corps et d'esprit. Que tout lui soit donc facile dans sa chambre : ses livres et sa musique placés à la portée de sa main, son grand fauteuil roulant d'un bout de la chambre à l'autre à la plus légère impulsion, son bureau, assez grand pour contenir des papiers, des livres en désordre, mais pas assez cependant pour ne pas pouvoir se placer indistinctement devant la cheminée ou devant la fenêtre. Je me borne à ce peu de mots ; le temps seul peut vous indiquer quels soins vous devez prendre, de quelle aimable attention vous devez entourer vos hôtes. Mais en général,

une dame de château, quelle que soit sa fortune, doit avoir attention à ce que les portes
des chambres ne crient point sur leurs gonds,
que les serrures jouent facilement, qu'il n'y
ait point de vent coulis venant des fenêtres,
et que l'on puisse toujours se garantir du soleil ou se donner de l'air à volonté.

# CHAPITRE VII.

**Suite des instructions de l'abbé de Montenay. La ferme, les écuries, les étables, la laiterie, la bergerie, les granges, la basse-cour.**

Après vous avoir entretenue avec un grand détail de votre habitation, je réclame votre attention, ma chère Olympe, pour un sujet d'une importance infiniment supérieure ; c'est l'établissement des bâtimens indispensables à l'exploitation de vos terres, tels que les écuries, étables, bergeries, granges, et enfin les logemens pour les utiles habitans de la basse-cour. Sur ces divers objets repose votre fortune. Une des choses qui a le plus contribué à décider la métamorphose du château de Saint-Julien en une métairie, c'est l'admirable disposition du terrain et des bâtimens. Des fenêtres de votre salle vous embrassez d'un coup-d'œil toute l'étendue de votre cour de ferme : pas une bête de somme, pas une pièce de bétail ne peut entrer ni sortir sans être inspectée par vous en tout temps. Vous pouvez juger si le charretier a trop chargé ses chevaux, le berger trop attardé ses moutons. Grâce aux démolitions résolues, chacun de vos corps de ferme sera séparé, ce qui, en cas d'incendie, sauve d'une ruine complète.

Le rez-de-chaussée de la tour de l'est va être converti en étable à vaches et en écurie. La forme circulaire se prête on ne peut mieux à cet arrangement. Elle est fort usitée en Lombardie. On dressera, au centre de cette vaste pièce, un certain nombre de piliers disposés en cercle. D'un côté de ce cercle seront placés les mangeoires et les rateliers des chevaux, de l'autre, les crêches des vaches. Chaque extrémité du croissant formé

par les attaches des bestiaux restera libre,
parce que l'intérieur contiendra un réservoir
d'eau pour désaltérer les bêtes et laver l'étable. A cet effet, on adaptera, de chaque côté
du réservoir, un large robinet. L'espace occupé par les bêtes devra être recouvert d'un
plancher exhaussé d'un pouce ou deux, dont
les planches ne seront pas exactement jointes.
Il y aura, sous ce plancher, des rigoles pour
recevoir l'urine qui filtrera par les interstices,
et la conduire ensuite à un égout général :
de là un trou à fumier. Comme l'instinct des
animaux les porte à se reculer lorsqu'ils ont
besoin de satisfaire un besoin de nature, les
excrémens tomberont en dehors des planches, et vos bêtes auront de la litière propre
pour se coucher. Aux parois de la tour, et
de chaque côté, seront attachés les ustensiles de la vacherie et de l'écurie, ainsi qu'une
forte lanterne. Vous ne devez pas souffrir
que vos gens aillent et viennent une lumière
à la main.

Comme la voûte a une grande élévation,
il sera possible d'y pratiquer un plancher

outenu par les piliers déjà placés au centre. On pourra serrer, sur cette soupente, une provision de fourrage, et y placer des lits de sangle pour coucher un de vos charretiers et le bouvier, chacun à portée de surveiller ses bêtes et de donner des secours en cas d'accident ou de maladie. Les chevaux et les vaches doivent être attachés à l'est et à l'ouest. En été, la porte qui est en plein midi, ainsi que les baies ouvertes à l'ouest, devront être exactement fermées. Il suffira, pour donner de l'air, des ouvertures pratiquées au nord et au levant. En hiver, on laissera passage au soleil. Le nord sera fermé, et l'on ouvrira une fenêtre du côté où le vent ne soufflera pas.

Vos 70 hectares ou 160 arpens exigent deux charrues, qui, à leur tour, demandent six chevaux, et les six chevaux deux charretiers. Vous devrez joindre encore à vos deux attelages un modeste baudet pour le service de la maison.

Je sais qu'à la rigueur on peut n'avoir que deux chevaux pour charrue, mais c'est une mauvaise économie ; les chevaux auxquels on n'accorde pas de repos s'usent plus vite, et c'est un capital qui disparaît souvent avant d'avoir été remboursé par les produits. D'ailleurs, un cheval paie presque sa nourriture en fumier ; car sans engrais vos terres rapporteront moins et finiront par s'épuiser. Une considération encore, c'est que pour quatre chevaux il faut deux charretiers aussi bien que pour six. Puisque ce mot *charretier* est encore une fois venu sous ma plume, je vais vous faire tout de suite mes recommandations au sujet de cette espèce d'homme. Vous devez tenir à ce que les gens que vous employez soient non-seulement probes, mais encore patiens, sobres et intelligens. Quelles que soient ses fonctions, un homme emporté, ivrogne, stupide, apporte plus de trouble dans une maison qu'il ne rend de services. Mais s'il est chargé de soigner les chevaux, il causera un notable préjudice à son maître. J'ai vu de ces brutes à figure humaine éreinter de coups un malheureux cheval engagé souvent par leur ineptie dans

un mauvais chemin, et cela, faute d'apercevoir les moyens ordinairement bien simples par lesquels un charretier intelligent
l'eût aidé à se tirer de ce pas difficile. La
santé du cheval demande, à peu de chose
près, les mêmes ménagemens que celle de
l'homme. Le charretier doit donc être en
état de comprendre et de pratiquer certains
principes d'hygiène recommandés par tous
les ouvrages sur l'art vétérinaire, ce qui
n'empêchera pas votre surveillance de s'exercer. C'est un proverbe très-juste que celui
qui dit : « l'œil du maître engraisse le cheval. » Choisissez de préférence vos charretiers et tous vos gens de service mariés.
C'est une garantie pour la moralité. Quand
ils devraient vous coûter un peu plus cher et
que cela vous obligerait à quelques générosi-
tés envers les femmes et les enfans, vous y
gagneriez encore. Jamais l'homme marié ne
donnera autant de temps à son ménage, que
le célibataire en perdra au cabaret. Mais, je
le répète, que les bonnes mœurs soient une
condition indispensable pour entrer dans

votre maison. Les gages de chaque charretier sont de 300 francs et quinze hectolitres de blé pour sa nourriture. Vous y ajouterez, par munificence, du laitage, de gros légumes et un logement qu'il habitera avec sa famille.

Le fumier de vaches formant un médiocre engrais pour les terres, et le laitage n'étant pas un objet de commerce dans ce pays, vous n'aurez que six vaches dont vous élèverez les veaux pour vous indemniser de la dépense qu'elles vous occasionneront. Une ou deux laitières, donnant, année commune, de sept à huit litres de lait dans les vingt-quatre heures, fourniront de lait, beurre et fromage ce qu'il en faut pour la consommation de votre maison. Les autres vaches rempliront le rôle de nourrices ; car, pour les veaux que l'on veut engraisser, il faut la traite de deux mères. A portée des villes on trouve un grand avantage à engraisser les veaux pour le boucher. Dans les pays agricoles, il vaut mieux faire de élèves que l'on vend à dix-huit mois ou deux ans. Le temps

et la pratique pourront seuls vous apprendre
ce qui convient à Saint-Julien. De toutes
façons, vous devez garder les plus belles
d'entre vos génisses afin de rajeunir votre
troupeau, et vous défaire de vos vieilles
bêtes avant qu'elles aient perdu toute valeur.
Le bouvier vous coûtera 150 francs par an,
et comme c'est ordinairement un jeune garçon, il sera nourri chez vous.

### La laiterie.

Votre exploitation étant sérieuse, je ne
vous enseignerai pas comment on fait d'une
laiterie un amusement dispendieux. Le nombre de vos serviteurs est bonné au strict nécessaire, et vous-même n'aurez point de
temps à donner à ces jeux d'enfans où de
belles dames singent les fermières pendant
trois mois de l'année en écrémant très-mal
avec des coquilles de prix du lait contenu
dans des jattes de porcelaine du Japon. Votre
luxe doit être la propreté, et vous devez,
par-dessus tout, vout attacher à ne rien faire
de superflu.

La laiterie sera placée près de l'étable,
dans la pièce souterraine de la tour de l'est,
celle dont le soupiral ouvre au levant. Une
lucarne pratiquée à la porte établira un courant d'air. A la profondeur où se trouve cette
pièce, la température se maintient entre
huit et douze degrés, ce qui est très-conve-
nable pour une laiterie. On aura soin de
mettre un grillage au soupirail pour interdire
l'entrée aux chats.

Les murs et la voûte seront recrépis une
fois l'an, afin qu'il ne s'en détache aucune
ordure. Le pavé doit être aussi lavé avec
soin pour éviter la poussière. Il ne faut cependant pas que ces lavages soient répétés
assez souvent pour entretenir une humidité
qui moisirait le laitage. Il doit régner autour
de votre laiterie une tablette en pierre, élevée de trois pieds au-dessus du sol. On dépose sur cette table les terrines à lait ainsi
que les ustensiles employés dans la laiterie,
seaux, barattes à battre le beurre, clayons à
fromages, étamines, tamis, etc.

Il faudra faire construire, dans la chambre

attenant à la laiterie, un fourneau sur lequel sera établie la chaudière uniquement consacrée à chauffer l'eau pour le lavage. Chaque jour, la femme chargée de ce soin doit passer à l'eau bouillante les terrines, les seaux, les tamis. En Suisse, on se sert, pour écurer, d'une brosse de chien-dent; en Normandie, on emploie un bouchon d'orties fraîches. Je préfère la brosse; elle est toujours prête.

Si l'on peut, sans une trop grande dépense, mener l'eau de la source dans la laiterie, ce sera le mieux; autrement, il faudra construire un réservoir que vous aurez soin de faire emplir aussi souvent qu'il le faudra. A la fin d'une journée, tout votre monde puisant de l'eau à la fontaine et la portant à la laiterie occasionnera moins de perte de de temps que la fille de basse-cour allant chercher seau à seau ce qui lui est nécessaire. Une fois pour toutes, ma chère Olympe, vous devez appliquer votre industrie à ménager les forces et le temps de vos serviteurs, à éviter les allées et les venues que les paysans

*flâneurs*, avant tout, ne sont que trop disposés à multiplier. En ayant cette attention,
vous ferez faire à un homme l'ouvrage de
deux. Ainsi donc on doit trouver à l'écurie
les brosses, les étrilles, les fourches, les
balais ; à l'étable, la sellette et les seaux à
traire les vaches, ceux à puiser l'eau, les
balais, les éponges, la fourche pour remuer
le fourrage. De même à la laiterie et partout
ailleurs, afin que ce qui doit se faire dans
une partie de la ferme s'y accomplisse sans
être obligé de passer dans une autre pour
chercher l'instrument nécessaire. Et pour
que chaque chose reste plus sûrement à sa
place et serve à l'usage qui lui a été destiné,
il faut faire estampiller sur les outils une
marque qui serve à les reconnaître, de sorte
que si vous trouvez à la cuisine les seaux de
l'étable, ou dans la basse-cour les brouettes
du jardin, vous puissiez réprimander celui
qui se sera rendu coupable de cette contravention.

Pour revenir à la laiterie, chapitre que
nous n'avons pas épuisé, vous devez sur-

veiller la propreté des terrines à lait, avoir l'œil à ce que, sur les traites du matin et du soir, on prélève la consommation pour les vingt-quatre heures, et l'on mette de la *présure* dans la portion de lait chaud destiné aux fromages. Il y a des ménagères qui emploient le lait écrémé à cet usage ; mais c'est de la parcimonie : le lait *bleu* doit entrer uniquement dans la nourriture des porcs et des volailles. Les terrines une fois remplies ne seront plus dérangées. On enlève la crème lorsque elle est bien montée, mais avant que la lait ne soit caillé dessus. On battra le beurre deux fois par semaine, et à jours fixes.

### La bergerie.

Un troupeau de moutons est l'un des plus grands profits d'une ferme. Il présente trois branches de revenus. La tonte, l'abatage des bêtes, et l'amendement qu'il apporte aux terres, tant par la litière que l'on tire de l'étable que par l'engrais que les moutons laissent sur les terres où on les parque. Nous profiterons des bonnes chances qui se présenteront pour vous former un troupeau de 70 à 80 bêtes de choix. Pendant deux ans vous en tirerez peu de profit, parce que vous vous appliquerez à faire des élèves, afin d'avoir de 200 à 250 moutons de belle qualité. Alors vous commencerez à rentrer dans vos fonds.

La tour de l'ouest sera la bergerie. Les moutons seront attachés au pourtour. Au centre seront disposées des claies où l'on enfermera les brebis et les agneaux : entre deux, un passage assez grand pour voiturer facilement la nourriture et enlever les fumiers.

Les moutons passent plus d'un tiers de l'année dans les champs, mais lorsque viennent les grands froids ou les pluies trop abondantes, il faut avoir soin que la bergerie leur présente un abri sec et chaud. Le choix d'un berger est très-important. Un homme stupide et ignorant peut faire périr de maladie votre troupeau, soit en le menant, en automne ou au printemps, au pacage avant que la rosée ne soit entièrement tombée, soit en négligeant de le faire rentrer, en été, pendant la grande chaleur du jour. L'hiver, on ne le fait sortir que quelques heures, après midi, et dans les temps de neige, on se contente de les mener à l'abreuvoir pendant que l'on renouvelle le fourrage dans les râteliers et que l'on aère la bergerie.

Un bon berger doit connaître les maladies des moutons et les premiers remèdes à leur apporter, le régime à leur faire suivre pour avoir de belles laines, s'entendre au croisement des races, au choix des béliers, toutes choses qui demandent de l'intelligence et du zèle pour sa profession ; et comme le mercenaire intelligent et zélé a le droit d'attendre un profit raisonnable de ces qualités, je vous engage à intéresser votre berger à la prospérité de vos troupeaux par une prime sur chaque toison vendue à un prix supérieur à celui obtenu par vos voisins.

Les gages du berger sont de 300 francs et 15 hectolitres de blé. Vous y ajouterez les menues gratifications que je vous ai indiquées pour les charretiers, mais sans vous y engager ; s'il n'était pas marié, vous ne lui donneriez que 250 francs et le nourririez.

Dans la bergerie et les étables on peut se contenter de rafraîchir la litière, et avoir un jour désigné, chaque semaine, pour laver et nettoyer à fond, tandis que les écuries doivent être lavées tous les jours.

### Les granges.

Nous convertirons en granges la partie de bâtimens placée du côté du couchant, entre le château et la bergerie. Toutes les cloisons du rez-de-chaussée abattues, vous aurez un emplacement de quarante mètres de long sur seize de large, ayant, de distance en distance, des piliers pour assurer la solidité de l'étage supérieur. Toutes les ouvertures extérieures seront bouchées, à l'exception d'une vaste porte très-élevée, qui occupera le milieu de la grange. En face de cette porte sera l'aire où l'on battra la grain ; les fléaux,

vans, cribles et balais seront placés, en cet
endroit, à la portée du batteur en grange.
A droite et à gauche de l'aire seront rangées
les pailles. Les grains séparés de la paille
seront portés dans les salles hautes des jumelles. Ces salles, dont les murs de grès
offrent peu de retraites aux animaux malfai-
sans, seront, en outre, crépies avec soin,
afin que les charançons ne puissent s'y loger.
Si la totalité du grain n'est pas vendue dans
l'année, il faut avoir soin de le faire remuer
souvent. Mais le mieux, dans ce cas, c'est
de laisser les céréales dans les gerbières. Ces
gerbières sont de grandes meules de six à
huit mètres de hauteur sur une circonférence
de huit pas de diamètre, et qui peuvent contenir cinq à six mille gerbes. Les grains s'y
conservent d'une année sur l'autre.

Tout le premier étage, depuis le plancher
de la grange jusqu'aux combles, formera un
magnifique grenier pouvant contenir au moins
deux récoltes de fourrages. Les pièces voû-
tées, qui règnent sous la totalité de ce bâtiment, serviront de serres pour préserver de

la gelée les racines destinées à la nourriture
des bestiaux.

Ici, ma chère Olympe, je dois placer les
conseils sur la culture de vos terres. Je
compte bien que vous repousserez le système
des jachères comme absurde et ruineux. Absurde, parce que la terre, n'ayant point de
sucs nourriciers qui lui soient propres, et
n'en recevant, dans l'état de nature, que des
plantes qui vivent et meurent sur son sein,
moins elle produit, plus elle s'appauvrit,
tandis que, au contraire, les racines que
laissent vos semences après la récolte, les
engrais et les façons par lesquels vous pré-
parez la terre, ne peuvent qu'augmenter sa
fécondité. Ruineux, parce qu'il réduit d'un
tiers les produits de vos champs. Ainsi donc,
après les céréales on sème les plantes légumineuses telles que trèfles, haricots, vesces,
lentilles, qui font, les uns une très-bonne
nourriture pour les animaux, les autres d'u-
tiles provisions d'hiver pour les hommes.
On peut alterner les racines avec les plantes
légumineuses, de sorte que le champ qui

une année, a rapporté des fèves ou des lentilles, donnera, l'année d'ensuite, des navets *. De toutes les plantes potagères mises en grande culture, la plus utile est, sans contredit, la pomme-de-terre. Ce précieux tubercule peut, en temps de disette, remplacer le froment. Il est aussi salutaire à l'homme qu'au bétail. Je ne puis trop vous recommander de mettre tous vos soins à l'améliorer sur vos terres. Gardez-vous cependant de donner des pommes-de-terre coupées pour unique nourriture à vos vaches, l'hiver; elles vous donneraient une grande quantité de lait, mais clair et sans saveur.

La totalité de vos terres ne doit pas être soumise au labour; un quart au moins doit rapporter de la luzerne et du sainfoin. Ces prairies artificielles, qui durent onze ou douze ans, sont indispensables pour la nourriture du bétail. Il faudra, de temps à autre, semer du chanvre et du lin pour filer. S'il y a dans

* Au temps où l'abbé de Montenay écrivait, la culture de la betterave était sans importance.

les environs de Saint-Julien une manufacture
d'huile, vous cultiverez des pavots blancs,
ou œillettes, dont on tire une huile bonne
pour la table, et du colza pour votre éclai-
rage. C'est un axiome reçu chez tous les cultivateurs, qu'il faut tirer de son propre fonds
le plus que l'on peut, et faire face aux besoins de la consommation à force de travail
et d'industrie. Ce principe est bon, mais je
crois qu'il ne serait pas prudent de trop le
généraliser. Avant de donner des soins, de
consacrer de l'argent et du temps plus précieux encore, à se procurer tel ou tel produit
étranger à la localité qu'on habite, il faut
bien considérer si l'on ne doit pas obtenir
plus d'avantages de l'échange que de la pro-
duction.

Je ne prétends pas vous donner ici un enseignement complet d'agriculture ; vous devez
puiser aux véritables sources : la France,
l'Angleterre comptent d'habiles agronomes
dont vous devez consulter les écrits. Que la
théorie cependant, quelque bonne qu'elle
soit, ne vous fasse pas mépriser les conseils

de l'expérience. En bien des cas, la pratique vaut la science prise dans les livres, car, si elle dégénère en routine, la théorie se change trop souvent en système. Ecoutez donc les avis des vieux laboureurs ; prenez note de ce qui réussit chez nos voisins ; essayez les améliorations qui vous seront proposées ; mais ne tentez jamais d'expériences en grand : vous n'êtes pas assez riche pour rien laisser au hasard.

Maintenant, ma chère nièce, traversons la cour, et rendons-nous aux bâtimens qui font face à la grange.

### Basse-cour, poulailler, colombier, toit à porcs.

Comme vous ne vendrez pas vos œufs, et que vous n'avez pas à Saint-Julien les débouchés qui rendent si profitables, en Normandie, l'engrais des volailles, je vous conseille de n'élever des poulets que le nombre nécessaire à la consommation de votre maison. Vingt-cinq poules suffisent pour vous fournir des œufs toute l'année, un rôti de temps en temps, et la poule au pot aussi souvent que le bon Henri l'avait promise à ses sujets. Entre les deux Notre-Dames, c'est-à-dire du 15 août au 8 septembre, vous mettrez à part quelques centaines d'œufs qui seront serrés dans des boîtes bien fermées, en les disposant ainsi qu'il suit : un lit de cendre tamisée, un lit d'œufs, un lit de cendre, ainsi jusqu'à ce que la boîte soit pleine. Ces œufs se conserveront, sans se corrompre, pour vous servir pendant les jours d'hiver où les poules pondent peu

Votre poulailler sera à l'exposition du levant. Il sera bien aéré, mais sans courans d'air. Comme les poules aiment à se croire cachées pendant qu'elles pondent, la porte du poulailler ne sera ouverte qu'après la ponte, c'est-à-dire entre midi et une heure. Au bas de cette porte est un guichet par lequel les poules entrent et sortent toute la journée. Ce guichet doit être exactement fermé le soir, aussitôt que les poules sont rentrées. La fenêtre doit être grillée à petites mailles afin d'éviter l'irruption des chats et surtout des fouines dans le poulailler. Cette fenêtre aura un volet que l'on poussera en hiver pour préserver du froid, et l'été, pendant la grande chaleur. Les juchoirs se font avec des perches assez minces pour que les pattes de la poule puissent les embrasser, et pas assez pour qu'elle soit obligée de s'y cramponner. Ces juchoirs seront solidement scellés dans le mur.

Ayant vingt-cinq poules et quatre coqs, il vous faut de la place pour en percher au moins trente-six, ce qui exige que le poulailler ait plus de quatre mètres de long sur trois de large, afin que les poules étant perchées ne salissent pas les nids qui sont attachés contre les murs. Les poules sont les premiers hôtes de la basse-cour auxquels la servante ouvrira. Elle leur fera une première distribution de grain; on peut suppléer au grain par des pommes-de-terre cuites dans l'eau. Plusieurs bonnes ménagères prétendent se mieux trouver de fournir le premier repas avec des pommes-de-terre, et de réserver le grain pour le soir. Mais quelque chose que l'on donne, il faut avoir soin d'en jeter à plusieurs places. Si toutes les poules mangeaient ensemble, les plus faibles et les moins hardies pâtiraient. Il faut aussi que l'auge à boire soit tout près de l'endroit où l'on mange, parce que la poule boit pendant le repas, et si elle était obligée de s'éloigner, elle ne trouverait plus rien au retour.

Deux réduits seront joints au poulailler : le premier sera une petite chambre chaude et saine destinée aux couveuses ; elle s'y tiendront pendant les vingt-un jours que les œufs mettent à éclore, et y reviendront avec leurs poussins pour coucher et prendre leurs repas, lesquels se composeront de millet et de patée. Il faut dans ce poulailler un abreuvoir plat, où les poussins puissent se désaltérer facilement et ne risquent pas de se noyer s'ils trébuchent en se posant sur le bord.

Il est essentiel que les mères ne sortent dans la basse-cour qu'après avoir mangé. S'il en était autrement, elles pâtiraient ainsi que les petits. Ne craignez pas qu'il soit difficile de leur faire prendre l'habitude de rentrer dans leur poulailler. On peut se fier à cet égard à l'instinct des animaux. Que les heures de distribution soient régulières et les places invariables : chacun se rendra à son poste avec une exactitude merveilleuse.

Le second réduit recevra les malheureux destinés à la broche. Tuer pour dévorer ensuite est une action de cannibal qui me semble ce qu'il y a de plus injuste et de plus cruel. Jamais je n'ai pu imposer silence à mon cœur ni à ma raison devant un poulet maigre ; mais franchement quand il est bien gras la nature reste muette devant l'œuvre de la civilisation.

Une épinette à engraisser la volaille est une espèce de case à claire-voie au fond , afin que les pattes de l'animal soient préservées de la malpropreté et puissent se replier comme s'il perchait. Chaque cage ne sera pas beaucoup plus grande qu'il ne faut pour contenir un poulet sans que ses plumes soient froissées. Deux fois par jour la fille de basse-cour *gorgera* la volaille de boulettes faites avec de la pomme-de-terre ou de la farine de maïs délayée dans du lait. Dans l'intervalle, on donnera à l'animal du petit blé ou de l'orge mondé à discrétion, ainsi que de l'eau bien fraîche. Trois semaines suffisent à faire une bonne volaille grasse. Mais pour obtenir ce résultat, il faut que l'épinette soit placée dans un endroit d'où l'on ne puisse voir la basse-cour. Le spectacle des joies des heureux de la terre ferait maigrir le pauvre prisonnier.

### Les oies et les canards.

Tout en convenant que les oies et les canards fournissent de très-bonnes plumes, je ne vous engage pas à former de grands troupeaux de ces oiseaux aquatiques. Une demi-douzaine des premiers et le double des seconds suffisent à défrayer votre cuisine et celle de vos gens ; car l'oie grasse figure sur la table des laboureurs en des circonstances traditionnelles, telles que la Saint-Martin et les derniers jours du carnaval. A Noël et aux

Rois on fait rôtir le dindon. Revenons à nos canards. Les barboteurs ne perchent pas. Leur étable est tout uniment une pièce saine où ils sont à l'abri des intempéries de la saison , pendant leur sommeil. Il faut avoir soin d'y renouveler la paille au moins deux fois par semaine. Chaque matin on apporte dans des sébilles de bois des pommes-de-terre cuites mêlées avec du son ; on peut se servir deseaux grasses ou du lait caillé pour délayer cette pâtée , si toutefois ces eaux et ce lait ne sont pas consommés par les chiens et les porcs. A deux heures de l'après-midi on renouvelle la distribution , toujours dans l'étable , autrement les oies troubleraient le repos des poules. On ne donne de grain aux barboteurs que lorsque ils sont à l'engrais.

Le canard demande des soins particuliers. D'abord les canes ne s'astreignent pas à pondre à l'étable : il faut chercher les œufs et les conserver. A la fin de février , les canes commencent à vouloir couver. On doit alors les retenir à l'étable , en ayant soin d'éloigner le mâle pendant tout le temps de l'incubation

qui est d'un mois. Chaque couveuse couvre
sept à huit œufs. Dès que les petits sont
éclos, on ouvre l'étable, et la mère les conduit à l'eau. Si pourtant le temps était humide, il faudrait leur donner à couvert de
l'eau dans un baquet plat. C'est un fait établi
par l'expérience que la pluie tue les canetons.
Je consigne ici ce phénomène et ne me charge
pas de l'expliquer. Il n'est pas nécessaire de
séquestrer les canetons pour les engraisser ;
il suffit de leur donner à manger trois fois
par jour, au lieu de deux, du grain, du jeune
trèfle, des légumes bouillis, et même du
gland, si l'on est à même de s'en procurer.
Ces mets distribués en abondance réussissent
également bien.

Les dindons sont difficiles à élever. Ils
exigent une attention particulière jusqu'à ce
qu'ils aient pris leur fraise rouge, ce qui est
à deux mois environ. Quand on ne se consacre pas entièrement à cette sorte d'élèves, le
mieux est d'acheter des dindonneaux de trois
mois. Ils sont robustes à cet âge, couchent
en plein air, et, le jour, paissent de l'herbe.

Vous pouvez les laisser sur le préau ou les envoyer paître dans l'avenue sous la conduite d'un enfant. S'ils restaient à la basse-cour ils y porteraient le désordre. Lorsque il est question d'engraisser un dindon, on le gorge fortement de blé ou de maïs en grain. Le sarrazin s'emploie aussi, mais il rend la graisse jaune. Quelques personnes peu sensibles ont recours aux noix dans leurs coques. Voici comment on s'y prend. On en donne une le premier jour, deux le second, et toujours en augmentant progressivement jusqu'à vingt-une. Si le dindon n'a pas été étouffé dans le courant de ces trois semaines, il est gras et succulent à mériter d'être truffé.

### Le colombier.

Vous avez assez de terres pour avoir droit au vol de pigeons, et cependant je vous engage fort à y renoncer. C'est un triste avantage que celui d'entretenir une horde de pillards dont les produits sont aussi rares que mauvais. Ayez bien plutôt cinq ou six paires

de beaux pigeons originaires de Flandre ou
du Cambraisie. Logez-les dans une chambre
haute, la fenêtre tournée au couchant, parce
qu'ils aiment, avant de rentrer, à jouir des
derniers rayons du soleil, et que s'ils s'attar-
dent ils se dirigent volontiers vers un point
lumineux, tandis que, au contraire, l'obscurité les repousse. Mais l'espèce que je vous
recommande est sédentaire ; vos pigeons ne
s'éloigneront pas de votre enclos, surtout si,
comme je le suppose, ils trouvent dans leur
colombier une ample nourriture. Que leur
demeure soit bien carrelée, les murs crépis
avec soin, et la fenêtre toujours fermée à la
nuit, afin que les animaux nuisibles ne puissent pas s'y introduire. Si vous avez six paires de pigeons, il faut avoir trois trémies
ayant chacune deux trous d'un côté et deux
trous de l'autre, et que ces trous soient assez
espacés pour que les pigeons ne se gênent
pas en mangeant. Ces animaux sont voraces,
et sans ces précautions les plus forts oppri-
meraient les faibles. Ces trémies seront garnies de graines deux fois par jour. On donne

ordinairement aux pigeons de la vesce, mais ils sont plus beaux et produisent d'avantage quand on varie leur nourriture. On place dans le colombier des pains de terre glaise préparés avec de l'huile et du sel : c'est une friandise qui leur plaît. Vous aurez soin que les abreuvoirs soient en nombre suffisant, pas trop profonds, et toujours remplis d'eau fraîche.

Les nids doivent être séparés les uns des autres afin que les pigeons ne se détournent pas mutuellement.

Le poulailler, le canardier et le colombier doivent être nettoyés à fond chaque semaine à jour fixe, et leurs fumiers, soigneusement rassemblés, mis à part dans un coin de la basse-cour.

## Le toit à porcs.

Le logement des porcs est très-simple. Six pieds carrés, deux auges et un grattoir qui n'est autre chose qu'une forte planche scellée au mur, et contre laquelle l'animal se frotte. Les bonnes ménagères trouvent de l'économie à avoir une truie de l'espèce nommée tonquine. Cet animal est très productif. Il ne donne pas moins de huit à dix petits par an. Deux suffisant à la consommation de votre maison, vous vendez le surplus au printemps et à l'automne. Un jeune porc de huit mois vaut de douze à quinze francs, et depuis sa naissance, il a trouvé sa pâture dans les immondices de la basse-cour, et ne vous a presque rien coûté. Un mois, six semaines suffisent à l'engrais d'un porc. Une fois retenu à l'étable, on lui sert de copieuses rations de légumes farineux cuits dans l'eau de vaisselle. Des fruits tombés lui reviennent de droit, et s'il se trouvait à l'office des viandes crues avariées, on peut les faire entrer dans la soupe du porc. Les buvées se composent de lait caillé et d'eau de son.

### Le fruitier, la serre aux légumes, le hangar.

Ces divers étables occupent le rez - de - chaussée du bâtiment de l'est. Le premier étage sera divisé en chambres abandonnées à vos charretiers et à votre berger pour loger leurs familles.

C'est aussi dans ce bâtiment que votre jardinier habitera avec sa femme. Cette dernière aura, sous votre surveillance, la direction de la basse-cour. Elle sera secondée par Marguerite. Le jardinier doit avoir dans la dépendance de son logement le fruitier, la serre aux légumes et le hangar.

### Le fruitier.

Un bon fruitier doit être sec, clos, et à l'abri de la gelée. L'air étant de tous les agents destructeurs le plus actif, le mieux,

pour un fruitier, est de murer les croisées,
quitte à l'éclairer au moyen d'une lanterne.
L'épaisseur des murs et l'exposition du midi
sont de bons préservatifs contre la gelée.
Quant à l'humidité, elle est rarement à crain-
dre derrière de bons murs, entre des plan-
chers également éloignés des caves et des
combles. D'ailleurs, on pourrait assainir cette
pièce en déplâtrant une fenêtre pendant l'été,
et ne la bouchant qu'un mois avant de rentrer la récolte.

Tout l'intérieur du fruitier sera garni de
tablettes de dix-huit pouces de large, espa-
cées d'un pied, ayant en avant un rebord de
deux pouces environ pour empêcher le fruit
de rouler, et une petite planchette placée
en arrière à une distance d'un pouce du mur,
afin d'éloigner de tout contact avec l'humidité. Au milieu du fruitier seront disposées
deux perches pour suspendre le raisin.

Le fruit, pour se bien conserver, doit être
serré sain et sec. Les poires et les pommes
se placent sur l'œil et la queue en l'air, en
évitant, autant que possible, qu'un fruit touche

l'autre. Il vaut mieux faire quelques cadeaux au moment de la récolte que de souffrir de l'entassement dans son fruitier. Les grappes de raisins se suspendent la queue en bas. Afin d'espacer les grains il ne faut pas essayer de conserver les grappes qui sont tassées, si belles qu'elles soient.

Le jardinier fera la revue, au moins deux fois par semaine, ôtera les fruits avariés, et portera à l'office ceux qui seront arrivés à l'état de maturité. Il doit y avoir dans le fruitier un marchepied pour monter aux dernières tablettes. Je vous conseille d'assister souvent à cette visite, et d'apprendre à choisir vos fruits vous-même. De toutes façons, la clef du fruitier ne doit être confiée qu'à des personnes raisonnables et reconnues pour soigneuses.

### La serre aux légumes.

Ce lieu est, plus spécialement encore que le fruitier, sous la direction du jardinier. On y consacrera un caveau dont on bouchera les soupiraux afin d'éviter l'action de l'air, et dont on élèvera le sol pour diminuer l'humidité. C'est dans ce caveau que l'on enfouira dans le sable les chicorées, cardons, céléris, et que l'on mettra à l'abri de la gelée les racines potagères telles que carottes de Flandre, navets de Freneuse, salsifis, etc. Les choux, les poireaux se mettent dans la serre; les oignons, au contraire, demandent un endroit sec et aéré.

### Le hangar.

Un hangar est de la plus grande utilité à la campagne. Il abrite, d'un côté les instrumens aratoires et les charrettes; de l'autre, les outils du jardinier, les arrosoirs, les paillassons, les brouettes. Dans un coin de ce même hangar sera un établi de menuisier; mais les outils seront fermés dans une boîte scellée au mur, et fermée à clef. Cette clef sera remise à Picot, qui est assez adroit pour mettre un clou dans l'occasion, et donner un coup de rabot. En général, la nécessité

rend les gens de la campagne industrieux.
Ainsi vous aurez un petit atelier de bourre-
lier, afin que vos charretiers puissent faire,
en cas de besoin, un raccommodage aux har-
nais. Quand le mauvais temps interrompra
les travaux de la campagne, vos gens se
réuniront sous le hangar, et vous aurez l'œil
à ce qu'ils n'y restent pas désœuvrés.

### La cour et la basse-cour.

A partir du préau, une palissade en planches, assez haute pour que les volailles ne
cherchent pas à la franchir, séparera la
cour de la basse-cour. Dans cet enclos seront
enfermés le hangar dont j'ai parlé ci-dessus,
le logement du jardinier avec ses dépendan-
ces, ceux des autres commensaux, et enfin
les poulaillers, colombiers, toits à porcs,
etc. La portion du fossé attenante au bâtiment de l'est ne sera point plantée, comme
le seront les trois autres. Elle entrera dans la
basse-cour. Le ruisseau élargi et glaisé y formera une mare peu profonde où barboteront

les oies et les canards. On pratiquera du côté de la cour un vaste trou à fumier. L'écoulement des eaux de l'écurie et de l'étable y aboutira. Une route, assez large pour laisser passer deux charrettes, sera tracée dans la cour principale. Cette route, partant de la porte charretière et aboutissant au château, avec embranchemens, conduisant aux étables, à la bergerie, à la grange et au hangar, sera ferrée en pierres de meulières, laissant entre elles passage à l'eau de la pluie. Sur ces pierres on étendra de la terre battue et du sable. Les portions de la cour, non comprises dans la route et ses annexes, seront semées en trèfle. Elles serviront de pacage aux oies, canards et dindons. Sur le préau, au bas de la fontaine, il y aura un grand abreuvoir où se désaltèreront les chevaux et le bétail. La décharge de cet abreuvoir ira alimenter un lavoir construit dans la basse-cour.

Le soir, après la rentrée des champs, les hommes employés à la ferme prendront chacun un balai et balaieront la cour. Les ordures seront ramassées dans des brouettes, et conduites au trou à fumier. On fera de même des épluchures de la cuisine, et, en général, de toutes les immondices sortant de la maison où du jardin. Rien ne doit être distrait du fumier ; ce cloaque immonde et souvent infect est la principale source de vos richesses. Sans engrais point de récoltes.

Ma tâche est finie, ma chère Olympe, et j'espère être parvenue à vous faire comprendre quelle est la vôtre. Elle exige surtout deux qualités : l'activité et la perspicactié. A votre âge, la première manque rarement, une personne spirituelle possède toujours la seconde. Il ne s'agit que de tourner ses facultés vers un but utile.

# CHAPITRE VIII.

### Olympe fermière, dame de château, maîtresse d'école et médecin.

L'HIVER qui suivit l'établissement de la famille du comte de Saint-Julien dans son château, fut entièrement consacré aux travaux de défrichement et de construction. Cet hiver, le premier qu'il passait ainsi, sembla bien long au comte. La vie des camps, malgré ses privations et tout le cortège d'horreurs qui accompagne la guerre civile, avait au moins de nobles émotions, des alternatives d'espérances et de regrets, qui ne

laissaient pas sentir aussi lourdement la dé-
chéance de la fortune et du rang. D'ailleurs,
la gloire et le dévoûment à ses princes
malheureux étaient là pour tout farder. Mais à
Saint-Julien, demeurer spectateur du triomphe d'une révolution à laquelle il ne voulait
rien accorder de juste ni de bien ; se cacher
dans sa propre maison ; trembler devant le
premier rustaud qui voudrait le dénoncer,
c'était une position aussi triste qu'humiliante,
dont l'oisiveté et l'ennui devaient augmenter
encore le mal-aise. Aussi Olympe comprit-
elle que le moment était venu de faire usage
de ce mélange de douceur, de ruse et d'autorité que son oncle appelait le véritable
esprit des femmes. Si M. de Saint-Julien
s'était bien porté, jamais sa jeune et inno-
cente fille n'aurait pu se rendre maîtresse de
son esprit ; mais il était malade, et, sous prétexte de soigner sa santé, Olympe le forçait
à se prêter aux distractions que pouvaient lui
offrir la musique, la lecture, la conversation. Elle était surtout industrieuse pour
animer cette dernière. Tantôt elle forçait son

père à entamer le récit des plaisirs de la cour de Louis XVI; tantôt elle l'écoutait avec enthousiasme raconter les exploits éroïques des paysans vendéens. Ou bien, si elle voulait faire diversion à ces souvenirs qui, de glorieux, devenaient trop souvent déchirans, elle excitait adroitement une discussion entre le comte et madame d'Iserlot. Cette vieille dame possédait la facilité d'élocution que donne l'usage du monde, mais elle était frivole et bornée à l'excès. L'abbé disait d'elle qu'elle voyait tous les événemens par leur pointe, et leur faisait elle-même une pointe aussi effilée que celle d'une aiguille. Ainsi, lorsque le comte déplorait le malheur des contrées soulevées contre la république, la physionomie de M<sup>me</sup> d'Iserlot annonçait qu'elle voyait ce tableau sous des couleurs encore plus sombres, puis elle s'écriait :

— Quelle existence que celle de ces pauvres Vendéens ! Plus de société, plus de réunions, plus de bals, plus de fêtes ! ils sont contraints de vivre comme nous vivons ici.

*La jeune Propriétaire.*                    11

Quelquefois elle interrompait le récit d'une affaire sanglante où une église, prise et reprise par les deux partis, était changée en un champ de carnage, par cette exclamation :

— Bon Dieu ! que devinrent les pauvres hirondelles nichées dans le clocher !

Alors M. de Saint-Julien bondissait : les sarcasmes coulaient à flots de ses lèvres ; M<sup>me</sup> d'Iserlot se défendait sans jamais rester à court ; Olympe attisait d'une main légère le feu de la dispute, et une longue soirée de décembre avait passé comme une heure.

M<sup>lle</sup> de Saint-Julien entourait son père des soins les plus délicats. Ses manières, gracieuses pour tout le monde, étaient charmantes pour lui. Toujours elle l'abordait avec un aimable sourire et de tendres paroles. Ses domestiques campagnards, la voyant si respectueuse, si soumise aux moindres désirs de son père, devinrent respectueux et empressés comme des valets de grand seigneur pliés à la discipline par l'omnipotence d'un maître-d'hotel.

M. de Saint-Julien avait toujours aimé tendrement sa fille, mais de cet amour de père
qui aime en son enfant la vie qu'il lui a
donnée, les soins qu'il a pris de sa faiblesse,
les sacrifices de toutes sortes qu'il s'est imposés pour lui, sans que les qualités ou les
grâces de l'objet aimé soient une condition
de cette pure et noble affection.

Quelques mois seulement après son retour,
M. de Saint-Julien joignait à sa tendresse
paternelle une amitié particulière. Il aimait
Olympe parce qu'elle était enjouée, spirituelle et bonne. Se séparer d'elle, c'eût été
perdre la lumière de ses jours.

L'établissement de cette ferme, établissement qu'il avait laissé faire avec une indif-
férence qui approchait du dégoût, prit peu à
peu de l'intérêt à ses yeux. C'était l'ouvrage
d'Olympe, il trouvait beau que sa fille sût
commander en souveraine à ce peuple d'ouvriers. Le foin, la paille, les vaches, les
moutons, les poules prirent de l'importance
du moment où une bonne récolte, de beaux
troupeaux, une basse-cour bien tenue

représentèrent non-seulement un peu d'argent, mais les succès d'Olympe.

Une seule chose embarrassait encore Olympe, c'était le moyen d'offrir à M. de Saint-Julien sa part de l'excédant des revenus, quand il était dans l'ordre naturel des choses qu'il eût la disposition du tout ; mais son oncle lui avait fait passer des marchés à termes. Elle devait payer tant aux maçons, tant aux terrassiers, tant aux couvreurs, etc., etc. ; sur le surplus de ces dépenses prélever ce que devait lui coûter sa maison, et consacrer le reste seulement à l'entretien de son père et au sien. Enfin elle était propriétaire ; elle allait faire valoir ses terres, et elle seule pouvait connaître les besoins de l'exploitation et fixer les sommes nécessaires à cet usage. Mais comment se résoudre à faire ainsi la part de M. de Saint-Julien ?

Un jour enfin, Olympe, ayant vu son père de joviale humeur pendant le dîner, se hasarda à le suivre dans sa chambre quand il s'y fut retiré. Elle entra chez lui son grand registre sous le bras et un petit sac à argent à la main.

— Monsieur, dit - elle, en contrefaisant la voix nasillarde d'un vieillard, est-il en disposition de recevoir les comptes de son intendant ?

— Que mon intendant s'adresse à mademoiselle de Saint-Julien, répondit le comte sans lever les yeux de dessus le livre qu'il lisait.

— Très volontiers, répartit Olympe de sa voix naturelle, je vous écoute, mon cher monsieur, commencez.

Et courant lestement à l'autre bout du bureau devant lequel était assis M. de Saint-Julien, elle devenait tour à tour, et d'un seul bond, le vieil intendant expliquant sa gestion, ou M^lle de Saint-Julien élevant quelques difficultés que l'intendant résolvait sur-le-champ.

M. de Saint-Julien s'amusa de ce jeu jusqu'à ce que, voyant les piles d'argent disposées sur sa table, il dit, en s'allongeant dans son fauteuil :

— Enfin , mon cher monsieur , que voulez-vous de moi , et que dois-je faire ?

— Me donner quittance , monseigneur , et encaisser vos fonds.

— C'est très-bien , quoique vous méritiez punition pour me donner du *monseigneur* dans un temps d'égalité et de fraternité. Cependant je n'ai pas vu dans vos comptes quel revenu est assigné à ma fille.

— Mademoiselle de Saint-Julien, monsieur le comte, est une jeune personne passablement coquette qui aimera fort la parure pour peu que vous trouviez du plaisir à la voir bien mise. Mais à présent, vous le savez , c'est tout ce qu'il faut.

— M. de Saint-Julien embrassa tendrement Olympe.

— Chère enfant! chère enfant! lui dit-il, avec toi le malheur est un bienfait de la Providence.

Le soir même de cette petite scène le comte écrivit à l'abbé de Montenay, qui était retourné à Paris, de lui envoyer les objets de mode les plus recherchés. Cette lettre avait été délibérée en conseil avec M<sup>me</sup> d'Iserlot, femme très-experte en cette matière, et qui présentait la plus délicate essence de la mode, alors même qu'elle n'en pouvait juger par ses yeux.

Le sage abbé n'envoya pas la moitié de ce qu'on lui avait demandé, et cela fut encore suffisant pour faire d'Olympe *la propriétaire* la plus élégante que l'on pût rencontrer depuis Fontainebleau jusqu'à Nemours, et voire même à Montargis.

M<sup>me</sup> d'Iserlot aimait aussi beaucoup sa jeune parente, dans la pensée que les *folles imaginations* de l'abbé, c'est ainsi qu'elle nommait la prudente conduite de M. de Montenay, devaient être impuissantes pour enterrer dans cette ferme une jeune personne aussi jolie, aussi spirituelle qu'Olympe. Elle s'appliquait à lui enseigner ces mille petites manières qui constituent la perfection de l'élégance et du bon ton.

Mademoiselle de Saint-Julien avait trop de bon sens pour ne point apprécier de tels enseignemens. Elle comprenait très-bien qu'il n'est pas indifférent pour une femme de s'habituer à parler en termes choisis, à donner à sa voix des inflexions convenables, de la grâce à ses gestes, de la recherche, sans affectation, à sa mise. Elle avait senti que, surtout à la campagne, lorsque l'on vit loin du monde, au milieu des laboureurs et des ouvriers, il faut exercer une scrupuleuse surveillance sur soi-même pour ne pas s'abandonner à la rusticité.

Au printemps de l'année 1796, les travaux préparatoires étant terminés, l'abbé vint à Saint-Julien pour aider de nouveau sa nièce de ses conseils. Olympe était assez tentée de tirer ses vaches de Hollande, ou, tout au moins, de Normandie, ses moutons d'Angleterre, et jusqu'au plus infime habitant de sa basse-cour, elle prétendait tout faire chercher au lieu où chaque espèce jouissait d'une meilleure renommée.

— Ne faites pas cela, lui dit son tuteur, il ne faut jamais tirer son bétail de dessus de gras pâturages pour l'établir sur des terres de qualité inférieure, si l'on ne veut le voir

dépérir. Les vaches du Gatinais, celles de la
Sologne, mieux soignées chez vous qu'elles
ne le sont ordinairement, deviendront de
très-bonnes laitières. Pour améliorer les races, il suffit de se procurer de beaux étalons,
de soigner ses élèves, et s'écarter parfois de
la routine du canton qu'on habite, en s'ap-
propriant avec intelligence ce qui se pratique
dans les pays où l'agriculture est plus avancée
que dans le nôtre. Quant à naturaliser dans
sa patrie des troupeaux de race étrangère et
supérieure, c'est une œuvre de haute phi-
lanthropie ; mais s'il est du devoir des gou-
vernemens et des particuliers riches de s'y
livrer, ce serait une folie à un petit propriétaire de l'entreprendre, et surtout dans une
idée de lucre ; car ces tentatives coûtent d'ordinaire beaucoup plus qu'elles ne rapportent.

Dès le mois de janvier, Olympe eut à s'occuper des amendemens indispensables au sol
encore vierge qu'elle voulait livrer à la culture. Ses livres lui avaient appris quels heureux effets produisait le mélange de la marne
avec les terres fortes ; mais dans quelle

11..

proportion devait - elle l'employer à Saint-Julien ? Elle eut recours à cette expérience que son tuteur lui avait recommandée de ne jamais négliger, elle consulta Picot, des fermiers, de vieux laboureurs blanchis dans la pratique, qu'elle savait très-bien distinguer de la routine. C'est aidée de ces différens avis que la jeune fille parvint à se faire une idée juste des engrais qui pouvaient convenir à ses terres, de sorte que, en mars, l'orge, l'avoine et la luzerne furent semées sur ce sol où se pavanaient naguère les chênes orgueilleux.

La ferme une fois établie, Olympe songea à disposer de l'emploi de sa journée, heure par heure, sans en abandonner une seule au caprice ou à l'oisiveté. C'est de cette manière seulement que l'on peut trouver du temps pour tout. On pense bien que M. de Montenay fut consulté plus d'une fois sur cette distribution du temps, et sur cette autre question, non moins importante, de savoir quel costume il convenait d'adopter pour éviter d'amuser les gens du pays par un travestisse-

ment complet en villageoise, ou de les effa-
roucher par une toilette de ville. Voici ce qui
fut décidé. Olympe, en hiver, devait porter
une robe de drap de couleur sombre et d'une
coupe simple mais gracieuse, un tablier de
soie noire à larges poches, un fichu blanc
uni, d'une forme à n'être point sujet à se
froisser ; pour sa coiffure, ses cheveux tressés
de façon à ce que le vent ni la pluie ne puissent les faire paraître en désordre. Pour
sortir, elle se couvrira la tête d'un chapeau
de castor noir n'ayant qu'une simple bride
de rubans. Sa chaussure, volontiers noire,
pourra être légère, puisque Olympe a déjà
l'habitude de mettre pour sortir des sabots
par dessus ses souliers. En été, un tissu de
coton uni ou imprimé remplacera le drap
pour la robe, et un chapeau de grosse paille
succèdera au castor noir.

Tous les matins, à six heures, hiver comme
été, Olympe sortira de son appartement. Sa
première visite sera pour les écuries, étables
et bergeries. A cette heure, les bestiaux
doivent avoir reçu leur repas du matin, les

chevaux être pansés, le fumier tiré, les vaches traites, et le lait prêt à être descendu à
la laiterie. Après avoir rapidement examiné si
chacun a rempli son devoir, donné des louanges à ce qui en mérite, blamé ceux qui se
trouvent en faute, Olympe descendra à la
laiterie, suivie de Marguerite portant les
traites du matin. Mademoiselle de Saint-Julien s'assurera que les terrines et autres ustensiles sont parfaitement propres, et prési-
dera à la distribution du laitage, tant pour
la maison que pour le ménage de ses divers
commensaux. Puis elle écrémera elle-même
la traite du soir précédent et préparera les
fromages.

Ce travail fini, Olympe ira à la basse-cour
voir si la femme du jardinier n'a rien négligé
de ce qu'elle doit faire journellement, tant
pour le bien-être des bêtes libres que pour
l'engrais des captifs. Elle prendra connaissance des pièces de volailles en état d'être
livrées au couteau de la dame Picot.

Rentrée chez elle entre sept et huit heures,
Olympe ira dans la cuisine où elle comman-

dera, ainsi qu'elle le fait déjà, les trois repas
de la journée. Il faut exiger de la cuisinière
qu'elle choisisse cet instant pour demander
les provisions dont elle peut avoir besoin.
De son côté, la maîtresse de maison doit
savoir combien elle fera sortir de vin de la
cave et livrer de comestibles pour la cuisine.
En général, il est utile de s'habituer à être
tout à ce que l'on fait dans le moment où on
le fait; on perd beaucoup de temps à revenir
sur ses pas pour réparer un oubli, et rien ne
nuit à la mémoire comme de laisser ses pen-
sées divaguer d'un sujet à un autre.

En quittant la cuisine, mademoiselle de
Saint-Julien ira aux champs inspecter les
travailleurs. A neuf heures, au moment où
les ouvriers quittent l'ouvrage pour prendre
leur premier repas, on peut aisément juger
de ce qui a été fait depuis le commencement
de la journée. La justice et l'humanité doivent présider à cette appréciation des labeurs
du journalier, mais il faut, en même temps,
se préserver de montrer de l'indulgence pour
des dispositions indolentes et paresseuses;

ce ne serait plus de la bonté, mais de la duperie dont on ne manquerait pas d'abuser.

Il fut encore décidé que, en revenant au château, Olympe traverserait le potager pour s'informer de l'état des semis, si les fleurs et les plantes potagères, levées sur couche, étaient repiquées. Elle s'informerait aussi des fruits prêts à paraître sur la table. Ce coup-d'œil du maître, donné sur le jardin, est très-important. En laissant à part la question de la probité du jardinier, il est de ces hommes qui, pleins d'ardeur pour semer, sont d'une nonchalance extrême quand il faut récolter, et laissent perdre ainsi une grande partie des fruits d'un jardin. Il résulte de ce désordre que, pour défrayer une famille de huit à dix personnes, on fait des dépenses en engrais et en main d'œuvre égales à celles qu'il faudrait pour fournir de fruits et de légumes une maison trois fois plus nombreuse. De là vient que la plupart des propriétaires s'étonnent du peu de différence qu'il y a entre le prix auquel leur reviennent les produits de leurs jardins et celui du marché.

Le déjeuner ne se fait point en famille ; on sert à Olympe une soupe au lait et des fruits. Pendant son déjeuner, elle continuera à faire préparer le chocolat du comte de Saint-Julien et le café à la crème de madame d'Iserlot. Elle porte aujourd'hui le déjeuner à sa parente et de là passe chez son père, où elle reste jusqu'à onze heures ; il ne sera rien changé à cette habitude. De onze heures au dîner, qui se servira à deux heures, l'abbé laisse Olympe maîtresse de l'emploi de son temps ; il sait qu'elle le consacre à un pieux usage.

La commune de Saint-Julien n'a plus ni curé ni maître d'école. Le premier en a été chassé, le second est allé chercher fortune aux armées, à la suite d'une discussion qui s'était élevée entre lui et ses concitoyens, un savant du village ayant lu dans le Moniteur : « La patrie doit l'instruction gratuite à tous » ses enfans », en avait conclu que c'était violer la constitution que de payer des mois d'école. Un raisonnement aussi logique ne pouvait manquer de convaincre les habitans de Saint-Julien ; le pauvre magister lui-même n'avait rien trouvé à lui opposer. Il quitta donc la commune. Un beau matin on l'avait vu revenir de Paris en uniforme de soldat du train : un fouet de postillon remplaçait dans sa main la férule du maître d'école. Quittant des disciples ingrats, il allait conduire un fourgon à l'armée de Sambre-et-Meuse.

Depuis son départ et celui du curé, petits garçons, petites filles oubliaient à qui mieux mieux alphabet et catéchisme, lorsque mademoiselle de Saint - Julien, attristée d'un pareil spectacle, entreprit d'acquitter les promesses de la république en donnant un enseignement gratuit à ce petit peuple.

— Envoyez-moi vos enfans depuis onze heures jusqu'à une, je leur apprendrai à lire, écrire, compter ; cela ne vous coûtera rien.

Cette conclusion décida quelques parens. Il est probable que si mademoiselle de Saint-Julien l'avait remplacée par celle-ci : « il » vous en reviendra quelque chose », ils se

fussent tous décidés à envoyer leurs enfans
à la *citoyenne* du château.

Chaque jour, excepté les décadis et les
dimanches que l'on chômait également,
Olympe tenait sa classe. Aux leçons ouvertement promises elle en glissait subtilement
d'autres, faisant apprendre aux enfans l'ancien et le nouveau Testament. Le nom du
Tout-Puissant n'était pas chose nouvelle pour
ces enfans. Leurs parens craignaient Dieu
moins que la république, à la vérité, mais
en revanche, ils espéraient plus en lui. Aussi
Olympe pouvait déposer dans ces jeunes
cœurs de bons grains que l'ivraie n'étouffe-
rait pas entièrement.

Les maîtres d'école n'étaient pas les seuls
qui eussent abandonné les campagnes. Les
médecins, les barbiers, les apothicaires,
tout ce qui savait manier tant bien que mal
la lancette ou le piston, avaient rejoint les
armées de gré ou de force, et, à quatre
lieues à la ronde, il ne restait, pour les malades de Saint-Julien, qu'un vieux médecin
paralytique. Il ne pouvait bouger de son

fauteuil, et prétendait avoir sacrifié sa fortune en restant dans le pays par amitié pour
ses malades. Aussi, en forme d'indemnité,
le docteur avait porté de dix-huit sous à
vingt-quatre le prix de sa consultation, et
lorsque il était malade ou en ville, c'était sa
gouvernante qui la donnait pour lui. Ce Gil-
Blas en jupon ne manquait pas d'une sorte
de pratique : elle était douée surtout d'une
rare intrépidité, et n'hésitait sur aucun cas,
ayant soin, en bonne ménagère, d'ordonner
de préférence les drogues qui pouvaient se
détériorer dans les tiroirs, car le docteur,
ainsi que cela se pratique à la campagne,
avait chez lui une petite pharmacie.

Mademoiselle de Saint-Julien pensa que,
puisque Dieu permettait à de telles gens de
soulager quelquefois les souffrances de l'humanité, elle ne devait pas hésiter à les se-
conder à sa manière à elle. Avec des livres
de médecine bien choisis par M. de Montenay,
un bon cœur, du courage et de l'intelligence,
Olympe se plaça bientôt au-dessus de Mademoiselle Bien-Aimée, la gouvernante du

docteur campagnard. De plus, elle donnait ses soins gratis à ceux que quatre lieues à faire et vingt-quatre sous à débourser empêchaient d'aller trouver le vieux paralytique. Il n'y avait pas d'heures assignées aux malades; ils prenaient Olympe à l'étable, aux champs, au jardin, chez elle, toujours elle les accueillait et suspendait ses occupations pour les écouter, les consoler et les soulager, quand faire se pouvait. Si le cas était par trop grave, mademoiselle de Saint - Julien n'épargnait ni démarches ni dépenses pour se procurer l'avis d'un véritable médecin. Une fois seulement, depuis qu'elle habitait son château, elle' avait été réduite à cette extrémité, et les bénédictions de toute une famille sauvée dans la personne de son chef, l'avaient bien payée de ses peines.

Après le dîner, que l'on prenait en famille, Olympe dut retourner aux champs. Comme c'était l'heure à laquelle M. de Saint-Julien se promenait le plus volontiers, sa fille espéra qu'il consentirait parfois à l'accompagner. En effet, il ressentait un si juste orgueil à voir Olympe chérie et respectée de tout ce qui l'entourait, que ses visites au laboureur traçant ses sillons, au berger gardant son troupeau, aux femmes remuant la luzerne, devinrent de vraies parties de plaisir.

Depuis cette seconde inspection jusqu'à la rentrée des champs, Olympe avait du loisir. Elle s'imposa l'obligation de faire, un jour, de la musique, le lendemain, elle dessinait, le surlendemain, elle lisait ou travaillait à l'aiguille à de beaux ouvrages de broderie dont elle ne voulait pas perdre l'habitude. Ces diverses occupations la conduisaient à six ou sept heures de l'après-midi. Elle songeait alors à sa toilette, passait dans sa chambre, se vêtissait à la mode ; comme son père avait plaisir à la voir. Pendant ce temps, *l'ami François* enlevait du plancher la poussière ou la boue qui s'y étaient amassées dans la journée, ranimait le feu dans l'âtre, et dressait la table pour le souper.

La journée des ouvriers étant finie, Picot venait rendre un compte définitif des travaux et recevoir les ordres pour le lendemain ;

Olympe écrivait le journal de la ferme ; la famille se réunissait, et de cet instant à celui du coucher, Olympe, dame de château, n'avait plus à s'occuper qu'à distraire ses hôtes.

Pendant les premiers mois du séjour à Saint-Julien, la sûreté du comte avait exigé que l'on vécût dans la plus profonde retraite, au grand regret, non pas d'Olympe, elle était trop occupée pour s'ennuyer, mais de madame d'Iserlot. Heureusement pour la baronne, l'infatigable Jacques Dutais parvint à faire mettre son parent en surveillance, en attendant qu'il fît rayer son nom définitivement de la liste des émigrés. Ainsi plus d'inquiétudes pour M. de Saint-Julien, plus de noms supposés ; Olympe osait nommer son père, le comte pouvait se glorifier de sa fille. Et quand vint la saison des chasses, on chercha autour de soi quels étaient ceux de ses voisins avec lesquels on pouvait souhaiter de se lier. La plupart des châteaux étaient abandonnés et dévastés. Un, cependant, avait abrité ses propriétaires pendant la tourmente

révolutionnaire. La famille de Monclard avait
eu le bon esprit de ne point quitter le Bourgoin. Respectés des paysans qui n'avaient
jamais eu ni insolence ni injustice à leur re-
procher, ils avaient vécu, sinon heureux,
du moins paisibles.

Leur goût commun pour la chasse lia
promptement MM. de Monclard et de Saint-
Julien. Un même besoin de distractions, un
égal désœuvrement rendirent très-fréquentes
les visites que se faisaient la baronne et la
dame du Bourgoin. Madame d'Iserlot n'avait
jamais eu d'enfans ; madame de Monclard
n'avait qu'un fils. Sitôt que la tourmente révolutionnaire s'était calmée, M. de Monclard
s'était hâté d'envoyer son fils à Paris, sous
la conduite de son précepteur, afin qu'il pût
perfectionner son éducation. Mais arrivés
dans la grande ville, l'abbé était devenu
journaliste, et Jules de Monclard, au lieu
d'étudier, s'était lancé dans les affaires ; si
bien qu'à dix-huit ans il se trouvait associé
d'une maison de banque.

L'amitié des Monclard amena naturellement d'autres relations. Les invitations se multiplièrent. Le comte se laissait entraîner à ces parties de plaisir, madame d'Iserlot les acceptait toutes quand elle ne les provoquait pas, la seule Olympe se tenait sur la réserve. Ce n'était pas par sauvagerie ni par dédain qu'elle agissait ainsi : l'élève de mademoiselle Desrosiers figurait volontiers dans un bal champêtre ; mais mademoiselle de Saint-Julien avait accepté la tâche difficile de gérer ou plutôt de créer une fortune rurale, et son tuteur, prévoyant qu'elle pourrait être entraînée hors du cercle de ses occupations, lui avait fait promettre de ne rien changer à la distribution de ses heures.

— Mon enfant, lui avait-il dit, donnez aux plaisirs tous vos momens perdus, je ne m'y oppose pas, mais n'en perdez pas pour eux. En agissant ainsi, vous vous amuserez mieux, et serez moins vite blasée sur tout ce qu'on nomme divertissement.

En effet, Olympe était moins sujette aux désappointemens que ne le sont souvent les jeunes filles. On ne la voyait point, rassasiée de tout ce qui était possible ; bâiller dans les petites fêtes auxquelles elle était invitée ; au contraire, elle s'y plaisait si fort, elle y apportait une gaîté si naïve et si douce, que son exemple répandait la bienveillance et la joie autour d'elle. Aussi était-elle généralement aimée et recherchée. Les maîtres de maison sont reconnaissans qu'on veuille bien profiter des frais qu'ils font pour se rendre agréables.

# CHAPITRE IX.



Les nombreuses occupations d'Olympe ne
l'avaient pas empêchée d'entretenir une cor-
respondance à Paris. Elle écrivait régulièrement à son institutrice et aux deux chères
amies qu'elle avait laissées à la pension. À
chaque lettre, Clarisse coûrait chez Amélie,
et lui disait :

— Concevez-vous, cette pauvre Olympe
ne fait de musique qu'avec son père.

Ou bien :

— Elle a dansé une seule fois cet hiver, dans une grange ; le ménétrier était monté sur un tonneau, et deux grosses lanternes d'écurie servaient de lustres pour éclairer ce beau bal. Pauvre Olympe ! j'admire son courage, elle ne se plaint pas ; elle m'écrivait : « Je vous remercie, ma chère Clarisse, de » la contre-danse nouvelle ; elle me semble » fort jolie, mais ni nos ménétriers de cam- » pagne, ni nos danseurs rustiques, ne sont » dignes de l'exécuter, malgré tous les ren- » seignemens que vous me donnez à ce sujet. » Pour bien connaître la *trénis*, il faudrait » aller la danser avec vous. » Elle fait contre mauvaise fortune bon cœur ; mais je ne suis pas sa dupe. Il est impossible d'être gaie en vivant dans un si triste pays ; déjà, dans sa dernière lettre, elle me disait : « Vous me » demandez si je n'ai pas oublié la gavotte » de Vestris. Pour vous répondre non avec » avec assusance, il m'a fallu la danser seule » dans ma chambre ; si le charretier ou la » fille de basse-cour m'avaient vue ils m'au- » raient crue folle. »

La colère qu'éprouvait Clarisse en voyant
son amie privée des bals et des fêtes dont
Paris était le théâtre, Amélie la ressentait à
chaque description du lever de l'aurore. Quitter son lit avant le jour, inspecter des ouvriers, courir les champs par tous les temps,
lui semblait la pire des conditions, et pour
réparer un peu les fatigues de cette pauvre
Olympe, la nonchalante Amélie s'étendait
sur sa couche, et y restait jusqu'à midi, sans
que son père et sa mère, chez lesquels elle
était revenue, pussent la décider à se lever.

Le temps se chargea de modifier les idées
des jeunes élèves de mademoiselle Desrosiers
à l'égard de leur compagne. M. Marond, le
père d'Amélie, après avoir été un instant
millionnaire, se ruina complètement. Madame
Marond, qui n'avait ni cœur ni esprit, voyant
son mari en fuite, crut ne pouvoir mieux
utiliser les débris de sa fortune qu'en profi-
tant des lois qui lui permettaient de faire
rompre son mariage, et en épousant un aven-
turier dont elle fut la dupe. La pauvre Amélie, orpheline du vivant même de ses parens,

se trouva trop heureuse de rentrer dans la pension de mademoiselle Desrosiers en qualité de maîtresse de dessin, sous la condition d'un peu plus d'activité. Amélie promit en gémissant ; elle connaissait par expérience ce que la vigilante mademoiselle Desrosiers entendait par *un peu d'activité*. C'était immoler sa chère paresse ; mais la nécessité commandait, il n'y avait pas à répliquer.

Clarisse, plus heureuse en apparence, ne tarda pas cependant à éprouver aussi que, même au sein de la fortune, le sort nous maltraite souvent. Un rhume, pris un soir d'automne, retint Clarisse confinée tout un hiver dans son appartement, et au printemps, les médecins ordonnèrent à la jeune malade le séjour de la campagne. Il fallait, pour remettre sa poitrine échauffée, coucher la nuit dans une étable, et respirer le jour l'air pur des champs.

La mère de Clarisse, madame de Selbas, ne pouvait conduire sa fille à la campagne. Un procès d'où dépendait toute sa fortune la retenait à Paris, et Clarisse, minée par la fièvre, tourmentée par une toux opiniâtre, dépérissait de plus en plus.

Triste et souffrante, elle pria sa mère de l'envoyer à Saint-Julien, chez son amie. La jeune propriétaire de ce domaine n'était plus pour Clarisse la pauvre Olympe, elle jouissait d'une bonne santé.

Mademoiselle de Saint-Julien accueillit avec empressement la proposition de recevoir et de soigner son amie de pension. Elles étaient enfans l'une et l'autre lorsqu'elles s'étaient quittées, il y avait trois ans ; elles allaient se retrouver femmes : Clarisse ayant vu en toute liberté le monde et ses fêtes, car madame de Selbas n'avait été mère que pour enregistrer les fantaisies de sa fille ; Olympe ayant été maîtresse de ses biens, reine dans sa maison, à l'âge où, pour l'ordinaire, on ne connaît la fortune que de nom, et le pouvoir, que par le désir extrême de le posséder. Ce n'était pas sans un certain orgueil qu'Olympe, se reportant par la pensée à la pension de mademoiselle Desrosiers, prome-

12..

nait ses regards sur sa ferme, sur son enclos, et qu'elle se disait :

— C'est moi qui ai fait cela. Il y a trois ans ce parc était en friche, maintenant mes terres sont les meilleures et le mieux cultivées de la contrée. Cette cour offrait à l'œil un spectacle de désolation ; l'ordre, la propreté, l'aisance y règnent. Ces fleurs, je les ai semées ; ces arbres fruitiers, je les ai presque tous greffés de ma main. M^{me} d'Iserlot, qui méprisait si fort la campagne, y vit contente auprès de nous : elle commence à comprendre qu'on puisse se plaire hors de Paris. Mon père était pauvre, triste et malade, il est aujourd'hui riche, gai et bien portant. Ah ! mon oncle ! mon oncle ! soyez béni pour tout le bien que vous m'avez fait. Si vous m'eussiez laissée chez mademoiselle Desrosiers, ainsi que je le désirais au fond du cœur, que serais-je maintenant ? Pauvre comme Amélie ; ou si la fortune m'avait souri un instant, les folles joies du monde auraient peut-être détruit ma santé, comme celle de la pauvre Clarisse !

Et les yeux d'Olympe rougissaient à la pensée des chagrins et des souffrances de ses deux amies.

Tout en se livrant à ces réflexions, mademoiselle de Saint-Julien faisait dresser deux lits dans l'étable ; car elle était décidée à partager la rustique habitation de la malade.

La prochaine arrivée de mademoiselle de Selbas causa une certaine agitation dans la société qui se réunissait ordinairement à Saint-Julien. Les visites y devinrent plus nombreuses, et madame d'Iserlot assurait Olympe que, à la convalescence de Clarisse, elle ne pourrait pas se dispenser de donner un petit bal.

— Plutôt un concert, répondit mademoiselle de Saint-Julien. Clarisse, qui n'a point quitté la pension en même temps que moi, doit être très-bonne musicienne.

Et M. de Saint-Julien souriait, en se frottant les mains, à la pensée des talens de la jeune amie de sa fille.

Au jour indiqué, Olympe et *l'ami François* se rendirent à Nemours dans une carriole suspendue, équipage tenant le milieu entre la patache provinciale et le char-à-bancs parisien. Dès le premier coup-d'œil, **Olympe** reconnut combien Clarisse avait souffert. La pauvre enfant n'était plus que l'ombre d'elle-même.

M. de Saint-Julien, madame d'Iserlot et l'abbé, alors en visite chez sa pupille, s'étaient avancés jusque dans l'avenue, afin de recevoir l'amie d'Olympe à la descente de la voiture; mais mademoiselle de Selbas était si souffrante, qu'il fallut abréger les premiers complimens. La fatigue du voyage lui avait causé un redoublement de fièvre. Conduite et presque portée dans la tour, Clarisse y prit possession de son lit, à l'étable. Les vaches étaient aux champs; mais la chèvre destinée à être la nourrice de la malade se trouvait là, demandant, par un bêlement rempli d'impatience, que l'on soulageât ses mamelles gonflées de lait. Ce breuvage doux et rafraîchissant calma l'ardeur fébrile de Clarisse, ses yeux se fermèrent, bientôt elle s'endormit d'un profond sommeil.

Olympe profita du repos de son amie pour se livrer à ses occupations habituelles. A son retour des champs, Clarisse était éveillée. Mademoiselle de Selbas avait écarté le paravent qui entourait son lit, et le coude appuyé sur le rebord de sa couchette, elle contemplait mélancoliquement le tableau simple mais frais auquel la vaste porte de l'étable servait de cadre.

On était à la fin du mois de mai, dans ces jours où le printemps se montre paré de ses plus beaux atours. Olympe, dont l'imagination était riante et presque poétique, n'avait rien négligé pour embellir sa demeure. La cour, aussi propre que peut l'être une cour de ferme, était partagée en compartimens de sainfoin d'Espagne et de gazons verts du plus joli effet. Ce n'était point un luxe inutile : les dindons, les oies, les canards, la bourrique et deux chèvres y trouvaient une abondante pâture. Au pied des jumelles, le long des murs antiques des granges, montaient des liserons en fleurs. La palissade qui séparait de la basse-cour était aussi couverte de

plantes grimpantes. De toutes parts, le chè-
vrefeuille en fleurs mêlait ses parfums à ceux
des rosiers disposés en massifs devant les
fenêtres du château.

Olympe, interrogée par son amie sur la
destination des divers bâtimens, entra avec
elle dans les détails que nous connaissons.

— Cette maison que vous voyez en face
de vous, c'est notre habitation. Au - delà se
trouve un petit parterre que j'ai dessiné moi-
même, le verger l'unit à deux quinconces
de tilleuls dont nous voyons les cîmes. A ces
beaux arbres, à ces quelques fleurs se borne
ce que mon oncle m'a laissé accorder à un
luxe improductif. Mais c'est assez ; toutes ces
choses demandent une multitude de soins qui
ne me permet pas de trouver mon jardin d'a-
grément trop exigu. Madame d'Iserlot n'est pas
grande marcheuse, et mon père et moi nous
trouvons un plaisir infini à nous promener
dans la campagne. Elle est fort belle aux
environs de Saint-Julien ; vous en jugerez
bientôt, j'espère, ma chère Clarisse.

— Ce que je vois me semble déjà très

joli. Mais que vous devez trouver les journées
longues...

— Oh! non, je vous assure.

— A quoi donc les employez-vous?

Olympe, songeant qu'elle parlait à une
parisienne, passa rapidement sur le détail
de ses occupations rurales.

— Le soir, dit-elle, nous faisons de la
musique.

— Ah! dit Clarisse en se soulevant, lorsque je serai mieux portante je veux me remettre au piano que j'ai négligé depuis que
j'ai quitté la pension.

— Voilà qui est mal, ma chère Clarisse;
mais au fait, je crois me rappeler que vous
préfériez le dessin. Demain je vous apporterai
mes crayons, mes pinceaux; si vous voulez
essayer quelques fleurs, cela vous distraira
sans vous fatiguer.

— Moi, grand Dieu! je n'ai pas touché un
crayon depuis trois ans.

Olympe voulut parler des plaisirs que
donne la lecture. Elle s'aperçut bientôt que
Clarisse ne partageait pas son goût, et qu'à

l'exception de quelques pièces de théâtre,
elle ne connaissait aucune des productions de
nos bons auteurs.

— C'est à mon tour à m'étonner, reprit
Olympe en souriant. A quoi donc, chère Clarisse, employez-vous votre temps?

— Ah! quand je me portais bien les heures
du jour ne suffisaient pas aux plaisirs. Le
matin je me levais tard; j'étais volontiers
fatiguée de la veille, et dès que j'étais sortie
de mon lit, j'avais bien assez à faire à m'occuper de ma toilette. Il m'eût été impossible
de rester tranquille à lire ou à dessiner. Il
manque toujours quelque chose à une femme
élégante. C'était une ceinture qui ne me plaisait plus à changer, le dessin d'une tunique
nouvelle à adopter, ou bien à choisir si l'on
mettra le matin une perruque brune ou
blonde.

— Une perruque! à toi, Clarisse? une
perruque sur ta tête de dix-huit ans!

— Sans doute; il n'y a que les vieilles
femmes qui n'en portent pas. J'en ai deux ici,
une à la grecque et l'autre à l'enfant.

Olympe riait à se tenir les côtes, parce que, en levant les yeux, elle avait vu devant elle la mine hébétée de Marguerite qui, au mot perruque, s'était arrêtée la bouche ouverte et la fourche en l'air, sans achever de mettre son herbe dans la crèche des vaches. Clarisse, remarquant cette figure à son tour, partagea l'hilarité de son amie.

Sur ces entrefaites, madame d'Iserlot entra, conduisant un habile médecin qui avait consenti à venir de Montargis visiter mademoiselle de Selbas. Il trouva la gaîté des deux pensionnaires d'un favorable augure pour la santé de la malade. Cependant après avoir interrogé et examiné Clarisse, le docteur ordonna impérativement du repos et du silence. Olympe remit donc à un autre jour à apprendre comment on passait son temps à Paris, pour n'avoir le loisir ni de lire ni de travailler.

# CHAPITRE X.

Les confidences.

Les prescriptions d'un habile docteur, les soins éclairés d'Olympe, que ses connaissances pratiques en médecine rendaient une excellente garde-malade, avaient triomphé presque entièrement de la maladie de poitrine dont Clarisse était menacée. L'air pur et la vie paisible de la campagne devaient achever une guérison si bien commencée. Déjà, depuis près d'une semaine, mademoiselle de Selbas n'occupait plus l'étable que la nuit.

Ses journées se passaient au château, partagées entre Olympe et madame d'Iserlot qui, plus sédentaire que la jeune propriétaire, lui offrait un refuge assuré. D'ailleurs, on causait tant qu'on voulait avec la baronne de fêtes et de modes nouvelles ; tout cela était pour elle merveilles et actes de foi. Plus obéissante qu'Olympe aux lois de la capricieuse déesse, elle n'avait point hésité à couvrir son chef respectable d'une perruque blonde *à la victime*, nom donné, en souvenir de malheurs récents, à une coiffure imitant les cheveux qui renaissaient après avoir été coupés pour l'échafaud. De plus, Clarisse la convertissait à la tunique et au péplum antique, l'aidant à soutenir ces innovations de costumes contre le persiflage de l'abbé et la chaude indignation de M. de Saint-Julien. Mais au grand étonnement de tous les habitans de la ferme, M<sup>lle</sup> de Selbas semblait se plaire dans la retraite où elle vivait. Si l'on projetait quelques courses dans les environs, elle s'excusait et ne se trouvait jamais assez bien portante pour rendre une visite.

De même, s'il venait des étrangers, elle s'enfuyait sans vouloir seulement les saluer.

Olympe et son père ne voyaient qu'un peu de sauvagerie dans cette conduite, peut-être un ridicule mépris des provinciaux. Madame d'Iserlot l'expliquait par le déplaisir que devait avoir une jolie personne à se montrer maigre, les yeux battus et les lèvres pâles. Quant à l'abbé, il branlait la tête à toutes ces raisons.

— Pour une femme frivole, disait-il, les hommages et l'étonnement des provinciaux valent toujours mieux que rien, et lorsque l'on est doué d'un aussi robuste amour-propre que celui de M$^{lle}$ de Selbas, on ne se croit pas facilement enlaidie. Il y a là-dessous un mystère. Nous le saurons avec le temps.

Ce que M. de Montenay prédisait ne tarda pas à arriver. Un dimanche, dans l'après-midi, pendant que toute la famille, réunie sous les tilleuls, s'amusait à regarder les paysans jouer à la boule, M. de Monclard se montra inopinément. Il était entré par la porte des champs, et personne ne l'avait vu

venir. Pour cette fois, Clarisse ne pouvait
pas éviter de saluer un intime ami de M. de
Saint-Julien. Elle resta, mais son trouble était
visible. Il s'augmenta encore lorsque M. de
Monclard annonça le sujet de sa visite. Il apportait une invitation pour le décadi suivant,
qui se trouvait correspondre au 23 juin, jour
de la fête de M^me de Monclard. Il comptait
sur ses bons amis de Saint-Julien. On devait
dîner, tirer un feu d'artifice, et son fils Jules était attendu au Bourgoin d'un moment à
l'autre.

L'invitation fut acceptée avec un joyeux
empressement, excepté par Clarisse, qui se
contenta de balbutier quelques mots presque
inintelligibles, et quand, un moment après,
Olympe voulut prendre son bras pour retourner au château, elle n'était plus sous les
tilleuls.

Pendant que M. de Monclard et l'abbé s'é-
tablissaient à une partie d'échecs, Olympe
sortit de la salle et se mit à la recherche de
son amie. Elle la trouva dans les cultures,
assise à l'ombre d'un gros arbre ; elle suivait

mélancoliquement du regard les mouvemens d'un laboureur conduisant sa charrue, mais il était facile de comprendre que son esprit s'égarait plus au loin.

— Pourquoi nous quitter ainsi, chère Clarisse?

M^{lle} de Selbas tressaillit à la voix d'Olympe. Puis lui prenant la main avec vivacité :

— Dites-moi, Olympe, dites-moi franchement, Jules de Monclard sait-il que je suis ici? est-ce de son aveu que son père m'invite à cette fête?

— Je ne puis répondre à vos questions. J'ignorais et j'ignore encore quelles sont vos relations avec les MM. de Monclard.

— Eh bien, je vais vous l'apprendre : à quoi bon me taire? Vous jugerez en m'écoutant si vraiment tous les torts sont de mon côté.

Il y a un an environ, j'étais avec ma mère dans le beau magasin de lingerie de la marquise de V. Ne me regardez pas d'un air si étonné; il y a à Paris plusieurs dames de qualité qui, ruinées par la révolution, se sont faites marchandes, et leurs boutiques

sont le rendez-vous de toutes les célébrités
du jour. On y passe très-agréablement son
temps à faire des emplettes ou à causer comme dans un salon. J'examinais un fort bel
organdi anglais, dont l'acquisition me tentait
assez pour me faire oublier un instant la société, lorsque j'entends M<sup>me</sup> de V. qui, se
penchant par-dessus son comptoir, demande
à ma mère la permission de lui présenter M.
de Monclard. Elle ajouta quelques mots, mais
à voix si basse qu'il me fut impossible de les
saisir. Ma mère répondit par un signe de tête
affirmatif. Un instant après, Jules vint nous
saluer. Je le connaissais de vue comme je
connais tous les jeunes gens à la mode, pour
l'avoir rencontré au bois de Boulogne, au
jardin Marbeuf, à Tivoli, Frascati, enfin dans
les endroits où l'on va passer les soirées.

Le soir même, nous le trouvâmes dans les
beaux salons du pavillon d'Hanovre, et comme
la foule ne me permettait pas de marcher à
côté de ma mère, conduite par M. Darson,
dont l'énorme corpulence suffit pour former
encombrement, M. de Monclard m'offrit son

bras. J'acceptai. J'avais regardé maman, elle n'avait pas dit non. Ce fut dans cette promenade, à travers le beau monde de Paris qui encombrait les salons du pavillon d'Hanovre, que Jules m'avoua ne désirer venir chez ma mère que pour moi, ce qui ne laissa pas de me flatter ; car je m'imaginais n'avoir rien de remarquable en moi, puisque l'on ne me suivait pas dans les promenades ainsi que l'on fait à toutes les jolies personnes, et qu'il n'y avait pas un triple cercle d'admirateurs autour de la contredanse où je dansais.

— Mais les parisiens ont pris là des habitudes bien embarrassantes pour les femmes, s'écria Olympe.

— Pas du tout, ma chère Olympe, tu en jugerais autrement si tu avais vu ce dont j'ai été témoin aux Tuileries le premier jour où la belle M$^{me}$ R. a paru avec son fameux mouchoir sur la tête ; l'empressement des curieux était tel qu'il y a eu des chaises et jusqu'à des échelles à tailler les orangers brisées sous le poids de la foule. Ah ! c'était superbe. Exciter une telle admiration, cela doit rendre bien fière ! tout le monde n'a pas ce bonheur : mais revenons à Jules de Monclard. La marquise de V. entretint encore ma mère en secret. Il y eut des pourparlers, des allées, des venues; enfin il fut décidé que Jules serait admis à me faire sa cour, mais que sa recherche resterait un secret entre la marquise, ma mère et nous deux, puisqu'il n'avait pas le consentement de sa famille, et que son père, qui avait la répugnance de le voir marié à Paris pour y continuer ses opérations de banque, lui écrivait lettre sur lettre dans l'espoir de le faire revenir au Bourgoin. Du moment où Jules fut agréé, il devint notre cavalier habituel. Le matin nous montions à cheval et nous allions assister aux courses qui se faisaient à Bagatelle. A ma prière et pour nous intéresser davantage à la lutte, Jules pariait. Il risquait le plus noblement du monde des sommes considérables, et quand il gagnait, il me faisait de superbes cadeaux. Il n'y a rien de plus amusant que les paris. Quand notre cheval approchait du but, mon cœur battait dans ma poitrine comme s'il se fùt agi d'une question de vie ou de mort. Le soir, Jules nous conduisait dans quelques jardins publics ou au théâtre ; la journée se terminait ordinairement chez Garchis, le célèbre glacier. Je te l'avouerai, toujours près de lui j'étais heureuse et je me berçais de l'idée que ma vie tout entière devait s'écouler ainsi, lorsque, par un procédé inoui, M. de Monclard a détruit tout cet échafaudage de bonheur. L'été tirait à sa fin, les nuits étaient froides, et cependant les entrepreneurs de fêtes semblaient redoubler de zèle pour attirer le public dans leurs jardins. Ils étaient à la mode, et l'on bravait la saison pour se montrer belle et parée, sous ces ravissans berceaux d'illuminations en verres de couleurs. Je m'étais déjà enrhumée à Tivoli, où Garnerain s'était enlevé en ballon. Cela ne m'empêcha pas de me préparer à aller à l'Elysée-Bourbon assister à des joutes sur le lac. Ma toilette était prête : j'avais réservé pour ce jour une tunique de crêpe noir sans manches, agrafée sur les épaules avec des camées antiques, présent de Jules. Un élève

d'Isabey, qui était censé me donner des leçons de dessin, m'avait montré le modèle
d'une superbe coiffure grecque inventée par
son maître. J'étais sûre de me la rappeler
assez bien pour la faire exécuter.

Le matin de la fête, le temps était bru-
meux à faire peur ; il plut même assez fort
jusqu'à midi ; mais à trois heures, le soleil
parut, les détonations des boîtes annoncèrent
que la fête aurait lieu : d'autant plus contente, que j'avais été inquiète toute la mati-
née, je me mets à ma toilette. Le coiffeur,
guidé par mes souvenirs, fait merveilles ; ma
tunique m'allait à ravir. Ainsi parée, j'entre
dans le salon où l'on n'attendait plus que moi
pour se mettre à table. Malheureusement je fus
saisie à la porte d'une quinte de toux si vio-
lente qu'elle me força à m'arrêter. Le médecin de ma mère était là. Ce vieil oiseau de
malheur se mit à croasser que, si à moitié
nue comme je l'étais, — l'insolent ! — j'avais
une robe de crêpe comme tout le monde en
porte, enfin que, si je passais à l'air une
soirée froide et humide, il ne répondait pas de

moi. Voilà ma mère qui prend l'alarme à ce discours, et qui me supplie de renoncer à notre projet, ou tout au moins de changer de costume.

Je haussai les épaules ainsi que l'on fait aux propositions déraisonnables. Jules, qui était présent, se mit de la partie, mais avec une instance tout à fait ridicule. Je tins bon : il se fâcha.

— Au moins, dit-il d'un ton singulier, je ne me rendrai pas complice d'une telle imprudence; je ne vous accompagnerai pas.

— Vous avez, sans doute, quelque chose de mieux à faire.

— Non, je vous jure, et ce soupçon me blesse.

— En ce cas, c'est un caprice : je les déteste, et je n'en ai jamais. — Maman, je vous en prie, allons à l'Elysée, nous y sommes attendues.

— Je ne vous rapporterai pas mot à mot toutes les persécutions qu'il me fallut endurer, soit pour renoncer à cette fête, soit pour changer ma toilette. Ma mère, qui sait combien je suis délicate et nerveuse, cessa la première de me contrarier. Le vieux docteur prit aussi le parti du silence ; mais M. de Monclard, sans pitié pour l'état où il me voyait, s'acharna à me tourmenter. Quand vint le moment de partir, il refusa positivement de nous accompagner. On se passa de lui. Il faisait très-chaud dans les salons de l'Elysée ; je n'ai eu un peu froid que lorsque l'on est sorti dans le jardin pour assister aux joutes, et si j'ai été si malade, c'est bien certainement l'émotion et le chagrin de cette scène désagréable qui en est cause.

Tant que ma vie fut en danger, Jules se montra très-assidu auprès de ma mère ; mais à mesure que j'éprouvai du mieux, il devint plus froid, ses visites furent rares et courtes, enfin ma mère, désirant connaître la cause de ce changement, il lui écrivit qu'avant de songer à s'unir à moi, il voulait avoir le temps d'oublier avec quel entêtement et quelle déraison j'avais risqué ma vie pour une fête à l'Elysée et une robe de crêpe noir.

Peu de jours après cette singulière épître,

il était parti pour le Bourgoin ; nous n'entendîmes plus parler de lui, si ce n'est pour apprendre par M^me de V. que son père l'avait décidé à renoncer à la banque, que, dans ses vieilles idées, il nomme un infâme agiotage, et qu'il cherchait à le marier avec une de ses voisines de campagne.

Vous pensez bien, ma chère Olympe, que lorsque je vous ai demandé de me recevoir pendant ma convalescence, ma mère et moi nous ignorions que le Bourgoin et Saint-Julien fussent aussi proches. Pour un empire nous ne voudrions pas rechercher qui nous néglige, et j'espérais partir d'ici sans avoir eu aucune relation avec la famille de Monclard. Voilà cependant une invitation qui me trouble extrêmement. Dites-moi, pensez-vous que Jules l'ait provoquée? et son père, en me faisant cette avance, sait-il que ces civilités s'adressent à une demoiselle que son fils a désiré épouser?

M^lle de Saint-Julien était très-embarrassée pour répondre à la confidence de son amie. C'était elle, Olympe, que M. et M^me de Monclard désiraient pour fille ; elle le savait , grâce au démon indiscret qui souffle ces sortes de choses à l'oreille des jeunes filles ; mais comment le dire à Clarisse ? La demande n'a- vait pas été ouvertement faite , et Jules ne s'était pas encore permis un seul mot d'amour. Tout ce qu'elle put assurer à M<sup>lle</sup> de Selbas, ce fut que le jeune de Monclard avait quitté le Bourgoin avant qu'il fût question de son voyage à Saint-Julien , et que jamais le nom de Selbas n'avait été l'objet d'aucune obser- vation de la part des parens de ce jeune homme.

— Il s'est donc joué de ma mère et de moi. Olympe , êtes-vous assez mon amie pour le contraindre à justifier une telle conduite ?

— Mais , dit Olympe en rougissant , je n'o- serais prendre la liberté d'entamer un pareil sujet avec Jules de Monclard. Vous avez rai- son , ses procédés sont étranges.... Si vous m'y autorisez , mon oncle ou mon père se chargeront de les lui faire expliquer.

— Eh bien , oui , j'y consens ; et si son père n'exige pas que nous habitions toujours la campagne...

— Je doute, chère Clarisse, que cette ré-
ticence soit du goût des parens de Jules.

— Vous pensez ? Il serait bien cruel cependant de sacrifier ainsi ma jeunesse.

— Vous sacrifier ! Eh ! ma chère Clarisse,
lequel de ces jardins froids et humides où
vous risquez chaque soir votre santé peut
valoir ce paysage ? quelle illumination en
verres de couleurs égalera jamais un rayon
du soleil couchant ?

— Oui, mais pour animer votre paysage,
pour admirer ces beaux rayons du soleil,
qu'y a-t-il avec nous ? Personne à la portée
du regard et de la voix ; seulement tout là-
bas, là-bas, un laboureur courbé par les ans
et la fatigue trace péniblement un sillon,
tandis qu'à Tivoli, à Idalie, à Marbeuf, à
l'Elysée, des milliers de jeunes gens des deux
sexes, la fleur de l'élégance, passent et re-
passent devant vous ; ils vous regardent, et
dans leurs yeux vous lisez si vous êtes jolie
ou bien mise. Ce sont autant de miroirs intelligens qui reflètent vos attraits et votre
parure. Les jours de succès, car on ne réussit

pas tous les jours à être l'une des mieux de
la fête, ces jours-là, dis-je, les gens de votre
société sont empressés de proclamer l'honneur qu'ils ont de vous connaître ; ils vous
entourent, vous assiégent ; on ne sait auquel
entendre, et si la musique vous appelle à la
danse, la supplique de vingt danseurs arrive
à la fois. C'est un charme, un enivrement
qui ne peut être comparé qu'au dépit que
l'on éprouve lorsque la foule capricieuse porte
ailleurs ses hommages. On vit ici, mais à
Paris l'on s'amuse.

— Et l'on se tue.

— Ah ! voilà l'éternel refrain. Je vous ai
déjà dit que ce n'est pas le froid qui m'a fait
mal, c'est plutôt le chagrin et la contrariété.
Je tousse un peu, il est vrai, ce qui n'empêche que j'aie une poitrine excellente : ce sont
les nerfs qui sont malades chez moi.

Olympe ne répliqua pas. Cet aveuglement,
trait caractéristique des maladies de poitrine,
l'affligeait moins cependant que la déraison
de Clarisse. Quelle pouvait être la destinée
d'une personne aussi frivole, aussi vaniteuse?

D'un autre côté, que penser de Jules de Monclard? L'abbé de Montenay lui en avait parlé
comme d'un jeune homme très-sensé. Le choix
d'une femme du caractère de M$^{lle}$ de Selbas
semblait prouver le contraire. Ou bien ne
serait-il qu'un séducteur, un lâche capable
d'outrager une fille qui n'a ni père ni frères
pour la venger. Décidément M. de Montenay
interrogera Jules ; il faut absolument savoir
à quoi s'en tenir.

# CHAPITRE XI.



Ainsi que nous l'avons déjà dit, Jules de Monclard était attendu au Bourgoin. Il y arriva, en effet, l'avant-veille du jour de la fête de sa mère, et le soir même il vint avec son père rendre une visite à Saint-Julien. Clarisse avait compté avec anxiété les momens qui la séparaient de celui d'où dépendait son sort. Une lettre de sa mère, en réponse à celle où elle lui faisait part de l'invitation de M. de Monclard, avait fixé ses

indécisions. Si Jules n'avait jamais pensé à
solliciter l'agrément de ses parens à son mariage, ou si M. de Monclard mettait à son
consentement des conditions que Clarisse re-
garderait comme incompatibles avec son bonheur, elle devait partir à l'instant pour Paris.

Dès que, des fenêtres de la salle, on aperçut le cabriolet de MM. de Monclard sous la
porte charretière, entre les *deux jumelles*,
Clarisse, jetant un livre qu'elle tenait par
contenance, s'enfuit dans son appartement.
Olympe voulait la suivre : un regard de son
père la retint à son métier à broder. Madame
d'Iserlot était fort occupée à son filet ; elle ne
se dérangea pas. M. de Saint-Julien et l'abbé
de Montenay ne quittèrent pas non plus leur
partie de piquet. Jules et son père entrèrent
familièrement dans la salle sans se faire annoncer, ainsi que l'on fait à la campagne,
dans les maisons où l'on est lié.

Le cœur d'Olympe battait fort ; elle cherchait à deviner comment on entrerait en matière. M. de Monclard ouvrit tout d'abord la
tranchée. Après avoir salué les dames, il dit,

en considérant la troisième chaise demeurée vide dans l'embrasure de la croisée.

— Il paraît que, selon ma coutume, j'ai fait fuir mademoiselle de Selbas.

Et M. de Saint-Julien dénonça, sans hésiter, la position délicate de Clarisse vis-à-vis de Jules et de sa famille.

Aux premiers mots de cette explication si épineuse, Olympe sentit ses joues s'empourprer, ses mains tremblantes ne pouvaient plus diriger son aiguille. M<sup>me</sup> d'Iserlot, voyant son trouble, eut la bonté d'avancer sa chaise de manière à lui cacher presque entièrement le groupe des quatre hommes qui discouraient, assis à l'entour de la table de jeu. M. de Monclard s'apprêtait à répondre aux pressantes interpellations de M. de Saint-Julien, mais Jules, l'interrompant, le pria de le laisser se défendre lui-même.

— Ma famille a reçu l'enfant prodigue, dit-il d'une voix émue, mais je ne peux ni oublier mes fautes ni prétendre les atténuer. J'étais allé à Paris pour étudier les sciences. Au lieu de cela, je me mis à faire des affaires.

Je spéculai sur les denrées coloniales, sur le foin, sur les diamans, sur la chandelle. On prétend que mes associés avaient la conscience trop large pour des négocians. Quant à moi, si je juge de leur probité par le peu de bénéfices que nous donnaient nos opérations, je les déclare les plus honnêtes gens du monde, d'autant plus que, si je leur faisais observer que tel ou tel avait gagné des sommes considérables là où nous étions à peine rentrés dans nos fonds, ils me répondaient avec un sang-froid imperturbable : « c'est un fripon. »

Ils ne cessaient de me presser afin que j'obtinsse de mon père des fonds plus considérables à mettre dans notre maison, et mon père répondait à mes demandes par l'ordre formel de retourner au Bourgoin. Ce fut dans ces circonstances que mes amis de Paris songèrent à me marier. Avec la dot de ma femme je devais, selon eux, entreprendre les fournitures de l'une des dix-sept armées de la république. Entre toutes les demoiselles dont on me chiffrait la fortune pour me tenter,

M<sup>lle</sup> de Selbas me parut la plus jolie bien qu'un procès rendît sa dot douteuse. Pendant quelque temps aussi je la crus la plus spirituelle. Mais qu'est-ce que l'esprit sans bon sens ? Plus l'époque fixée par M<sup>me</sup> de Selbas pour obtenir le consentement de ma famille approchait, moins je me sentais le courage de présenter une pareille bru à mon père et surtout à ma mère. J'étais dans cette mauvaise disposition d'esprit lorsque survint cette malencontreuse fête à l'Elysée, et la fluxion de poitrine, fruit d'un entêtement puéril et d'un amour pour le bruit et l'éclat des fêtes qui, dans cette occasion, me parut aller jusqu'à la démence. Je l'avoue, j'éprouvai contre Clarisse un violent mouvement de colère. J'aurais voulu la châtier comme on châtie un enfant dont l'obstination a causé un grand malheur. Je ne pouvais lui pardonner les larmes de sa pauvre mère. A cette irritation succéda le dégoût et l'effroi qu'inspire un être privé de raison. Il m'eût été impossible de revoir M<sup>lle</sup> de Selbas et de la traiter en reine, ainsi qu'elle était habituée à l'être.

Mon père ayant appris les démarches que l'on faisait en mon nom pour obtenir des fournitures, accourut à Paris. Quelques mots de sa bouche firent plus que n'auraient pu faire les lettres les plus menaçantes. Je partis pour le Bourgoin, après avoir écrit à madame de Selbas une lettre qui contenait le franc aveu de mes ressentimens contre sa fille.

Ce fut de retour dans ma famille que je compris toute l'étendue de mes fautes. J'entrevis quel sort glorieux j'avais peut-être perdu à jamais ; je connus quelle différence il y a entre la célébrité bruyante d'une femme du monde et la bonne réputation d'une personne de mérite ; l'une et l'autre sont généralement connues dans leur cercle. On envie quelquefois la première, l'on en glose plus souvent ; tandis que de la seconde on dit : je lui dois de la reconnaissance ; elle a enseigné mes enfans, m'a soigné dans mes maladies ; ou bien encore : il faut la consulter, car, si jeune qu'elle soit, c'est la plus sage et la plus capable de tout le pays. Croyez que j'ai bien fait la différence entre ces deux femmes ; que je voie avec l'une bonheur, repos, considération ; avec l'autre, l'océan matrimonial et tous ses orages. Cependant, comme il n'est pas dans mon caractère de manquer à une parole, je tiendrai la mienne, mais aux conditions auxquelles elle a été reçue, c'est-à-dire avec l'approbation de mes parens.

Et moi, dit M. de Monclard en se levant, je ne donnerai mon consentement que si M^lle de Selbas se soumet à demeurer avec nous.

Oui, répartit Jules, qu'elle me promette d'habiter ce pays, d'y recevoir des leçons de modestie, de raison, de vertu, et demain je la présente à ma mère comme la fiancée de mon choix, laissant à la justice des hommes à décider de sa fortune.

MM. de Monclard parlaient du ton d'hommes fermement décidés à ne point se départir de ce qu'ils avaient arrêté. Le comte de Saint-Julien et l'abbé de Montenay les approuvaient. Olympe, n'ayant plus rien à entendre, sortit de la salle sous prétexte d'ordres à donner, et se rendit au pavillon de l'ouest où se trouva M^lle de Selbas.              14

Clarisse lisait une lettre. En entendant ouvrir la porte de sa chambre elle replia vivement sa missive.

— Eh bien? dit-elle à mademoiselle de Saint-Julien.

— Eh bien , répondit Olympe , tout dépend de vous.

Clarisse écouta attentivement le discours de Jules, que son amie lui rapporta en l'adoucissant en certains endroits; mais quand on fut à la décision de M. de Monclard , Clarisse se leva en secouant la tête négativement.

— Réfléchissez, ma chère.

— Mes réflexions sont faites : je ne sacriefierai point Paris. D'ailleurs , ma mère déteste la campagne.

— Voilà la première fois que vous élevez cette objection.

— Dois-je donc recevoir impunément de M. de Monclard des leçons de piété filiale. Il ne veut plus se séparer de sa famille ; moi je veux habiter avec ma mère. Enfin, s'il faut tout vous dire, Olympe, Jules m'a plu au bal ; peut-être me semblerait-il moins séduisant affublé d'une veste de chasse et de guêtres de peau , ainsi que je viens de l'entrevoir. Moi de même : il m'a trouvée jolie à la lueur des lustres et sous les guirlandes en verres de couleurs ; qui sait si j'aurai la même grâce les pieds dans des sabots , la tête couverte d'un chapeau de paille commune , soignant la rentrée d'une récolte , ou siégeant en reine au milieu de ma basse-cour. A Paris je suis éclipsée , il est vrai, par M<sup>me</sup> Tallien et la belle M<sup>me</sup> R. ; mais ici il me faudrait lutter contre vous , Olympe , et je crains trop la comparaison.

A l'ironie du discours de Clarisse , on comprenait qu'elle avait deviné la préférence que Jules accordait en son cœur à M<sup>lle</sup> de Saint-Julien , mais aussi qu'elle n'en éprouvait pas un mortel regret.

— Avant de décider cette importante question , ne voulez-vous pas consulter votre mère? Songez que votre procès n'est point encore jugé.

— Maman me laisse entièrement maîtresse

d'accepter la main de M. de Monclard ou de rompre avec lui. Tenez : elle me l'écrit encore aujourd'hui.

Et en développant la lettre, Clarisse fit voler un papier qui vint tomber aux pieds d'Olympe. C'était une invitation à une fête que devait donner, la semaine suivante, l'ambassadeur de la sublime Porte.

— Ainsi, reprit Olympe en ramassant le billet, voilà la véritable raison qui vous fait rompre votre mariage ?

— Pourquoi pas ? je n'ai jamais vu de fêtes turques.

M^me d'Iserlot, qui survint, voulut inutilement ébranler la résolution de Clarisse ; elle ne put rien obtenir. Il est vrai que la bonne dame parlait sans conviction. En dépit de ses efforts pour devenir raisonnable, il y avait toujours en elle un certain penchant à trouver que Clarisse avait raison.

M. de Saint-Julien chercha aussi à persuader à M^lle de Selbas qu'elle devait renoncer à un genre de vie nuisible à sa santé. Clarisse s'obstinait à répondre qu'elle n'avait pas mal

à la poitrine, et que la distraction seule pou- *
vait guérir ses maux de nerfs. Quant à l'abbé,
il refusa positivement de prendre part à cette
discussion, disant qu'il se croirait coupable
de risquer un seul mot dans l'intention
de faire contracter à son ami Jules un mariage extravagant.

Le lendemain donc Clarisse fit ses adieux à
ses hôtes, ayant, comme le disait le docteur
de Montargis, retrouvé à la campagne tout
juste assez de force pour achever de se tuer.

## Conclusion.

Peu temps après le départ de Clarisse, M.
de Monclard demanda au comte la main d'O-
lympe pour son fils ; mais un nouvel obstacle
devait encore s'opposer au bonheur de Jules.
M^lle de Saint-Julien avait résolu de ne se point
marier tant que le nom de son père ne serait
point rayé de la liste des émigrés. Le jour de

cette radiation, qui devait lui permettre d'abdiquer son rôle de propriétaire pour celui de fermière, ce jour-là seulement elle consentirait à admettre un tiers entre son père et elle.

— J'attendrai, mademoiselle, répondit Jules, pénétré de tout ce qu'il y avait de générosité et de noblesse dans ce procédé d'une fille sacrifiant sa jeunesse à son père.

Il attendit, en effet ; car ce ne fut que deux ans plus tard, lorsque le vainqueur de l'Italie et de l'Egypte se fut mis à la tête du gouvernement de la France, que les listes de proscription disparurent. Dans cet intervalle de deux ans, M. de Montenay avait reçu pour son parent un legs de cinquante mille francs, fait par une parente éloignée. Toujours pénétrant et habile en affaires, l'abbé engagea le comte à placer cet argent en rentes sur l'état. Ce fut bientôt une fortune, grâce à la confiance qu'inspirait le premier consul, et cette richesse inattendue permit à M. de Saint-Julien de donner sa terre en dot à sa fille. La reconnaissance de tant de bienfaits dont il jouissait avec toute la France attacha l'ancien soldat vendéen à la fortune de Napoléon , en même temps il retrouva à la cour de l'empereur son titre , son rang , du pouvoir , tout ce qu'il avait possédé ou ambitionné dans sa jeunesse. Mais lorsque la catastrophe de 1814 l'eût fait déchoir une seconde fois , il tourna ses pas vers Saint-Julien. Olympe , devenue mère de famille , n'en était pas moins une fille dévouée. M. de Monclard , l'un des riches propriétaires du Gatinais , jouissait de la considération la mieux acquise , correspondant de plusieurs sociétés savantes , membre de la société d'agriculture. Il avait , à la prière de sa femme qui l'aidait de tout son pouvoir , consacré ses lumières , son temps et son argent à faire adopter dans le pays les genres de culture les plus productifs , et s'était ainsi enrichi en répandant autour de lui l'aisance et le bonheur. Ainsi le comte , retourné chez son gendre , eut encore le contentement de se trouver placé dans un centre d'action , et de dominer à dix lieues à la ronde, de par l'omnipotence de M. et de M<sup>me</sup> de Monclard.

Le même retour à l'ordre et au crédit , qui

avait fait une héritière d'Olympe sortie si
pauvre de la pension de M^lle Desrosiers, rendit assez d'aisance à M^me d'Iserlot pour qu'elle
pût passer les hivers à Paris. Son existence,
ainsi partagée entre la maison brillante du
comte et le repos de Saint-Julien, s'écoula
doucement jusque dans un âge très-avancé.

Dès que les temples furent ouverts aux
fidèles, et que le prêtre officia à la face du
soleil, M. de Montenay quitta le rôle de Jacques Dutais pour entrer sérieusement dans
les ordres. La restauration le trouva et le
laissa chanoine du chapitre de Saint-Denis,
toujours bon, toujours officieux, s'occupant,
dans ses instans de loisir, d'œuvres philan-
thropiques, et correspondant avec son cousin de Monclard pour hâter la propagation de
la vaccine en province, la culture des bette-
raves et l'établissement des écoles d'enseignement mutuel.

Il ne nous reste plus qu'à vous apprendre
ce que devinrent les amies d'Olympe. M^me de
Selbas ayant gagné son procès, Clarisse
épousa un munitionnaire. Tous deux ébloui-

rent Paris de leur luxe. Clarisse donnait le ton partout ; elle était la reine des fêtes et de la mode. Mais cette existence eut l'éclat et la durée d'un météore. A vingt-trois ans, la jeune femme mourut de la poitrine. Cette fin prématurée, si affreuse en apparence, fut cependant un bonheur pour Clarisse. Sa fortune avait été dévorée aussi vite que sa jeunesse : il ne lui fût resté de ses joies éphémères que d'éternels regrets.

Amélie, plus sage, fut aussi plus heureuse. Déjà rompue au travail par ses fonctions de sous-maîtresse chez M^lle Desrosiers, elle acheva de se convertir. Un automne, où elle fut passer les vacances à Saint-Julien, la vigilance, le zèle, le savoir de la jeune propriétaire lui parurent aussi bons à imiter que son bonheur était à désirer. Ces dispositions raisonnables n'échappèrent point à la perspicacité d'un honnête cultivateur. Quoique Amélie fût dépourvue de fortune, il osa l'épouser, pensant qu'une femme se modelant sur M^me de Monclard ne pouvait manquer de faire prospérer une maison. Il ne fut point trompé dans son calcul. Amélie devint une excellente ménagère , sans cesser d'être aimable et de cultiver ses talens ; et quand M^lle Desrosiers recevait la visite de parens, gens de sens , jaloux de donner à leurs filles une éducation solide en même temps que brillante , elle savait amener adroitement les noms d'Olympe et d'Amélie, ou trouver le moyen de montrer des passages de leurs lettres à leur ancienne institutrice; mais elle ne disait pas que ses deux élèves faisaient elles-mêmes l'éducation de leurs enfans, et se garderaient bien de les envoyer dans son brillant pensionnat.

FIN.

# TABLE DES MATIÈRES.

FIN DE LA TABLE.

LIMOGES ET ISLE,
Imp. MARTIAL ARDANT FRÈRES.

* 9 7 8 2 3 2 9 2 5 6 7 1 9 *